博雅国际汉语精品教材

A New Textbook
for Primary
Chinese Reading I

新编初级汉语
阅读教程 I

张世涛 刘若云 ◎编著

北京大学出版社
PEKING UNIVERSITY PRESS

图书在版编目(CIP)数据

新编初级汉语阅读教程. Ⅰ / 张世涛，刘若云编著. —北京：北京大学出版社，2018.8

ISBN 978-7-301-29755-1

Ⅰ.①新… Ⅱ.①张… ②刘… Ⅲ.①汉语－阅读教学－对外汉语教学－教材 Ⅳ.①H195.4

中国版本图书馆CIP数据核字（2018）第 177168 号

书　　　名	新编初级汉语阅读教程 Ⅰ XIN BIAN CHUJI HANYU YUEDU JIAOCHENG Ⅰ
著作责任者	张世涛　刘若云　编著
责任编辑	邓晓霞
标准书号	ISBN 978-7-301-29755-1
出版发行	北京大学出版社
地　　　址	北京市海淀区成府路 205 号　100871
网　　　址	http://www.pup.cn　　新浪微博：@北京大学出版社
电子信箱	zpup@pup.cn
电　　　话	邮购部 62752015　发行部 62750672　编辑部 62753374
印 刷 者	北京市科星印刷有限责任公司
经 销 者	新华书店
	787 毫米 × 1092 毫米　16开本　12.75 印张　215千字 2018 年 8 月第 1 版　2024 年 9 月第 3 次印刷
定　　　价	42.00 元

未经许可，不得以任何方式复制或抄袭本书之部分或全部内容。
版权所有，侵权必究
举报电话：010-62752024　电子信箱：fd@pup.pku.edu.cn
图书如有印装质量问题，请与出版部联系，电话：010-62756370

编写说明

《新编初级汉语阅读教程》在课文难度、长度上都做了较大的改动，课文篇幅更短小，浅显易懂，练习也降低了难度，而且阅读课的特点更加明显。

1. 对课文的词汇、语法做了简单化的处理，剔除难度较大的词语和语法。课文、说明、练习文字简单，难度低，最大限度体现"初级"的特点，非常适合初级学生学习。

2. 所有课文的篇幅更加简短，第一册每课所有文字的字数控制在2000字以内，大部分短文的字数在100～200字之间。第二册每课所有文字的字数控制在3000字以内，大部分短文在100～300字之间。

3. 第一册和第二册为一个整体，词语统一设置，第一册的生词在第二册中不再作为生词出现。

4. 每课都有补充阅读材料，供教师根据实际情况选择使用。每课还有图文并茂介绍中国常见的汉语标牌的照片及说明文字（带有小练习），帮助学生更好地将课堂和交际情景结合起来。

5. 第一册和第二册体例和内容安排有所不同。

第一册适合水平较低的学生学习，每篇阅读课文都有生词表，生词有英文注释。

第二册适合稍微有些汉语基础的学生学习，每课设一个主题课文（每课第一篇），然后附带3—4篇与主题相关的短文。除主题课文有生词表外，其余阅读小短文没有生词表。主题课文的生词有英文注释和汉语注释，生词尽量涵盖这一课所讨论的主题。

6. 第二册课文非常注重词语的复现和课文内容的前后呼应、关联。如第2课《找个好工作》，第12课就是《自己找工作》；第3课是《上学读书》，第13课就是《回到学校》……形成一个循环。

7. 第二册开始讲授阅读技能，能更好地提升学生阅读中文材料的能力。如第 13 课的技能"找出句子主要部分（3）"，技能说明中说：

有些句子很长，还举了很多例子，其实例子不知道也没有太大问题，比如：

动物园有很多动物，有蜥蜴、麋鹿、狐狸、鬣狗，还有蟒蛇、鹦鹉、鹈鹕等。

这句话最主要的部分是"动物园有很多动物"，后面的"蜥蜴、麋鹿、狐狸、鬣狗、蟒蛇、鹦鹉、鹈鹕"我们可能不知道具体是什么动物，但我们只要知道它们是一些动物也就可以了，在阅读的时候不必为了搞清楚它们的意思用太多时间。

8. 第一册和第二册均有参考答案、生词表，扫描二维码可听录音。

编者

目 录

第一课	1	第二课	11	第三课	20
第四课	30	第五课	42	第六课	52
第七课	61	第八课	70	第九课	81
第十课	90	第十一课	100	第十二课	109
第十三课	119	第十四课	129	第十五课	138
第十六课	148	第十七课	157	第十八课	167

参考答案　177

生词表　186

扫码听录音

第一课

文章阅读

阅读一

公的还是母的

丈夫对妻子说:"你信不信,刚才我打死了十只苍蝇,有四只公的,六只母的。"妻子说:"我不信,你怎么知道是公的还是母的?"丈夫说:"很简单,在酒杯上打死的是公的,在镜子上打死的是母的。"

生 词

1.	公	（形）	gōng	male
2.	母	（形）	mǔ	female
3.	信	（动）	xìn	believe
4.	苍蝇	（名）	cāngying	fly
5.	简单	（形）	jiǎndān	simple
6.	镜子	（名）	jìngzi	mirror

练习

一 根据课文内容判断正误

1.（　　）丈夫真的知道苍蝇是公的还是母的。
2.（　　）妻子不知道苍蝇是公的还是母的。
3.（　　）打死苍蝇的人是妻子。

二 复述文章

阅读二

平板电脑

2016年全世界销售了1.748亿台平板电脑，比2015年减少了15.6%。苹果电脑销售了4260万台iPad，占24.4%，比2015年增加了一点儿；三星电脑销售了2660万台，占15.2%，比2015年减少了一点儿；亚马逊电脑销售了1210万台，比2015年增加了一倍，占6.9%；联想电脑销售了1110万台，比2015年减少了一点儿；华为电脑销售了970万台，比2015年增加了一半。

环球网 2017-02-06

生词

1.	平板电脑		píngbǎn diànnǎo	tablet PC
2.	销售	（动）	xiāoshòu	sell
3.	亿	（数）	yì	100 million
4.	台	（量）	tái	measure word
5.	占	（动）	zhàn	account for
6.	减少	（动）	jiǎnshǎo	decrease
7.	增加	（动）	zēngjiā	increase
8.	倍	（数）	bèi	times; double
9.	一半	（数）	yíbàn	half

专有名词

1.	苹果	Píngguǒ	Apple
2.	三星	Sānxīng	Samsung
3.	亚马逊	Yàmǎxùn	Amazon
4.	联想	Liánxiǎng	Lenovo
5.	华为	Huáwéi	Huawei

根据课文内容填空

1. 2016年全世界销售了1.748亿台_____。
2. 2016年，平板电脑销售最多的是_____电脑。

3. 三星电脑销售了 2660 万台，占 15.2%，比 2015 年 _____。
4. 亚马逊电脑销售了 1210 万台，比 2015 年增加了一倍，_____ _____ 6.9%。
5. 华为电脑销售了 970 万台，比 2015 年 _____ 了一半。

阅读三

英国王子的新孩子

2017年9月5日消息：英国凯特王妃怀孕了，她和威廉王子很快就会有第三个孩子，女王和双方的家人知道后都非常高兴。

凯特王妃和威廉王子结婚已经6年，他们有乔治王子和夏洛特公主两个孩子，马上要来的孩子是女王的第6个重孙。

现在，怀孕的凯特王妃受到很好的照顾，她原先要参加的一些活动也取消了。

环球网 2017-09-05

生 词

1.	王子	（名）	wángzǐ	prince
2.	王妃	（名）	wángfēi	princess
3.	怀孕		huái yùn	be pregnant
4.	女王	（名）	nǚwáng	queen
5.	双方	（代）	shuāngfāng	two sides
6.	结婚		jié hūn	get married
7.	重孙	（名）	chóngsūn	great-grandchild
8.	受到	（动）	shòudào	get
9.	照顾	（动）	zhàogù	take care of
10.	原先	（名）	yuánxiān	original
11.	活动	（名）	huódòng	activity
12.	取消	（动）	qǔxiāo	cancel

专有名词

1.	凯特	Kǎitè	Kate
2.	威廉	Wēilián	William
3.	乔治	Qiáozhì	George
4.	夏洛特	Xiàluòtè	Charlotte

练习

一 根据课文内容填空

1. 威廉和凯特是英国的 _____ 和 _____。
2. 威廉和凯特已经有 _____ 个孩子。
3. 马上要来的孩子是女王的第 6 个 _____。
4. 因为怀孕,凯特王妃原先要参加的一些 _____ 也取消了。

二 根据课文内容选择正确答案

1. 威廉王子的新孩子比夏洛特公主小几岁?
   A. 小两岁　　　　B. 小三岁
   C. 小六岁　　　　D. 没有说

2. 威廉王子的第一个孩子叫什么名字?
   A. 夏洛特　　　　B. 乔治
   C. 重孙　　　　　D. 没有说

三 复述文章

实用文体阅读

北方大学留学生入学登记表			
姓名	（中文）	（外文）	
性别	出生年月　　年　月　日		出生地
国籍		通信地址	
护照/身份证号码		电子邮件	
居住地（国外）		电话	
现居住地（中国）		传真	
学历　　大学以上□　　大学□　　高中□　　高中以下□			
专业		毕业学校及毕业时间	
来中国以前是　　学生□　教育工作者□　政府或公司雇员□　其他□			
中文程度（口语）　　熟练□　　一般□　　会一点儿□　　不会□			
中文程度（汉字）　　熟练□　　一般□　　会一点儿□　　不会□			
是否参加过HSK考试　　是□　否□		HSK成绩　　　级	
准备在北方大学　　进修汉语□　攻读学士□　攻读硕士□　攻读博士□			
准备在北方大学学习　一学期□　一学年□　一学年以上□　不清楚□			

生词

1.	登记表	（名）	dēngjìbiǎo	register form
2.	性别	（名）	xìngbié	gender; sex
3.	国籍	（名）	guójí	nationality
4.	电子邮件		diànzǐ yóujiàn	e-mail
5.	以上	（名）	yǐshàng	above
6.	清楚	（形）	qīngchu	clear

练习

请在老师帮助下填写"北方大学入学登记表"。

看中国

店

"店"是汉语商业招牌中最常见的词语，"店"一般用作宾馆、商店的名字。如：

北京饭店　　　　东方大酒店　　　春城旅店
上海百货商店　　新华书店　　　　苹果专卖店
三号文具店　　　天香水果店　　　心意花店

练习

请说出几个你知道的有"店"字的地方。说说它们是做什么的。

第二课

文章阅读

阅读一

猜 鸡

老张在路上见到了老李,老张手里拿着一袋东西。老李问他:"老张,你袋子里是什么东西?"老张回答:"哦,是鸡。"老李说:"老张,如果我猜对你的袋子里有几只鸡,你可以给我一只吗?"老张说:"当然可以,如果你猜对了,我两只都给你!"老李看看袋子,想了想,说:"五只。"

生 词

1.	猜	（动）	cāi	guess
2.	鸡	（名）	jī	chicken
3.	袋	（量）	dài	bag
4.	当然	（副）	dāngrán	of course

练习

一 根据课文内容选择正确答案

1. 袋子里的鸡是谁的？
   A. 老张的　　　　　　　　B. 老李的
   C. 老张和老李的　　　　　D. 没有说

2. 袋子里有几只鸡？
   A. 一只　　　　　　　　　B. 两只
   C. 五只　　　　　　　　　D. 没有说

3. 文章想说：
   A. 老张和老李是好朋友　　B. 老张很笨
   C. 老李很笨　　　　　　　D. 老张和老李都很笨

二 复述文章

阅读二

中国的手机支付

从2016年下半年开始，中国几乎所有的商店都可以使用微信或支付宝支付，中国人开始习惯不带钱包和现金出门。现在的中国，要找到一家不接受手机支付的商店并不容易。

城市里打车、吃饭用手机支付，在农村的菜市场、理发店、小卖部，手机支付也开始普及。

2016年，中国手机支付的金额是美国的50倍，超过了日本的GDP。为了吸引中国的游客，许多国家的商店也开始接受微信和支付宝支付。

《参考消息》2017-03-28

生词

1.	支付	（动）	zhīfù	pay
2.	几乎	（副）	jīhū	almost
3.	所有	（形）	suǒyǒu	all
4.	使用	（动）	shǐyòng	use
5.	习惯	（动）	xíguàn	be accustomed to
6.	现金	（名）	xiànjīn	cash
7.	接受	（动）	jiēshòu	accept
8.	普及	（动）	pǔjí	popularize
9.	金额	（名）	jīn'é	amount of money
10.	超过	（动）	chāoguò	exceed
11.	吸引	（动）	xīyǐn	attract
12.	游客	（名）	yóukè	tourist

专有名词

1.	微信	Wēixìn	Wechat
2.	支付宝	Zhīfùbǎo	Alipay

练习

一 根据课文内容填空

1. 中国人手机支付，使用最多的是_____、_____。

2. 从2016年下半年开始，中国人开始习惯_____出门。

3. 在农村的菜市场、理发店、小卖部，手机支付也开始_____。
4. 2016年，中国手机支付的金额是美国的_____。
5. 为了吸引中国的_____，许多国家的商店也开始接受微信和支付宝支付。

二 说说你用手机支付的经历

三 复述文章

阅读三

韩国最早的报纸

韩国最早的有现代意义的民间报纸是1896年4月7日创刊的《独立新闻》，有韩文和英文两种文字，1899年底停刊。《独立新闻》的影响很大，因此，它的创刊日被定为韩国的"新闻日"。

《独立新闻》创刊以后，韩国出现了不少民间报纸，如《每日新闻》《帝国新闻》《皇城新闻》等。韩国最早的日报是《每日新闻》。

生词

1.	现代	（名）	xiàndài	modern times
2.	意义	（名）	yìyì	signification
3.	民间	（名）	mínjiān	folk
4.	创刊		chuàng kān	start publication
5.	停刊		tíng kān	stop publication
6.	影响	（名）	yǐngxiǎng	influence

练习

一 根据课文内容填空

1. 1896年4月7日创刊的报纸是_____，有_____和_____两种文字。
2. 韩国最早的日报是_____。

二 复述文章

实用文体阅读

会议通知

　　2018 年 2 月入学的新生，请于明天（16 日）下午三点到第三教学楼 403 室开会。请大家准时参加。

学院办公室

2 月 15 日

生 词

1.	会议	（名）	huìyì	meeting
2.	通知	（名）	tōngzhī	notice
3.	入学		rù xué	get enrolled
4.	新生	（名）	xīnshēng	freshman
5.	于	（介）	yú	in; at
6.	准时	（形）	zhǔnshí	punctual
7.	办公室	（名）	bàngōngshì	office

练习

仿照这个通知，写 / 说一个"通知"。

看中国

场

"场"一般指平一点儿、大一点儿的空地,现在城市里也常常用作一些建筑物、商店的名称。如:

停车场	菜市场	网球场
工人体育场	天安门广场	白云机场
万达广场	天河城广场	东方广场

 练习

请说出几个你知道的有"场"字的地方。说说它们是做什么的。

第二课

19

第三课

文章阅读

阅读一

没有儿子了

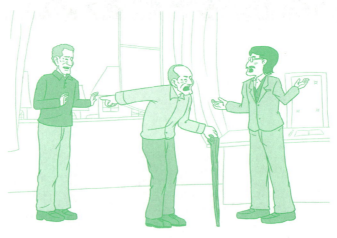

两位老人在老人院的办公室吵架。一位老人指着另一位老人问院长:"为什么他可以进老人院,我不能进?"院长说:"我很想让你进,但是政府规定只有那些没有孩子的老人可以进。他没有孩子,当然可以进。你有儿子,当然不能进。"这个老人生气了,他指着旁边的老人生气地说:"是啊,我有儿子!可是他现在进了老人院,我就没有儿子了!"

生 词

1.	老人院	（名）	lǎorényuàn	nursing home
2.	吵架		chǎo jià	quarrel
3.	指	（动）	zhǐ	point at; point to
4.	院长	（名）	yuànzhǎng	president
5.	让	（动）	ràng	allow
6.	规定	（动）	guīdìng	stipulate; prescribe
7.	只有	（连）	zhǐyǒu	only
8.	生气		shēng qì	get angry

练习

一 根据课文内容选择正确答案

1. 想进老人院的是谁?
   A. 两位老人　　　　　　B. 老人的儿子
   C. 院长　　　　　　　　D. 院长和老人

2. 两位老人都有儿子吗?
   A. 都没有儿子　　　　　B. 都有儿子
   C. 一个有一个没有　　　D. 没有说

3. 两位老人是什么关系?
   A. 爷爷和孙子　　　　　B. 爸爸和儿子
   C. 哥哥和弟弟　　　　　D. 没有说

二 复述文章

阅读二

机器人医生

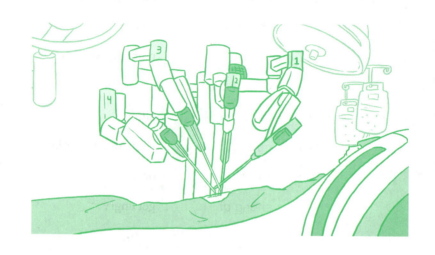

机器人做手术比人类医生更准确、更快吗？美国斯坦福大学的研究发现：在所有肾切除手术中，人类医生做手术只有28%超过4个小时，而机器人医生做手术有46%超过4小时。

研究人员说，现在机器人做手术费用更高，时间也更长。但是，研究人员也说，今后机器人做手术的时间会变短，价钱也会更便宜。

网易网 2017-10-26

生 词

1.	机器人	（名）	jīqìrén	robot
2.	手术	（名）	shǒushù	surgery
3.	人类	（名）	rénlèi	human beings
4.	准确	（形）	zhǔnquè	accurate
5.	研究	（动）	yánjiū	research
6.	发现	（动）	fāxiàn	find out
7.	肾	（名）	shèn	kidney
8.	切除	（动）	qiēchú	remove; resect; excise
9.	费用	（名）	fèiyòng	cost

专有名词

斯坦福大学	Sītǎnfú Dàxué	Stanford University

练习

一 根据课文内容填空

1. 人们都认为机器人做手术一定比人类医生更 _____、更 _____。
2. 研究者说，机器人做手术 _____ 更高，_____ 也更长。

二 复述文章

阅读三

北京到上海列车时刻表

2017年11月12日（下午）

车次/车型	发站/到站	发时/到时	运行时间	票价	购票
G131/高铁	北京南/上海虹桥	12:25/18:14	05:49	二等座￥553；一等座￥933；商务座￥1748	订票/手机抢票
G133/高铁	北京南/上海虹桥	12:40/18:35	05:55	二等座￥553；一等座￥933；商务座￥1748	订票/手机抢票
G135/高铁	北京南/上海虹桥	12:55/18:54	05:59	二等座￥553；一等座￥933；商务座￥1748	订票/手机抢票
G137/高铁	北京南/上海虹桥	13:07/19:01	05:54	二等座￥553；一等座￥933；商务座￥1748	订票/手机抢票
G139/高铁	北京南/上海虹桥	13:40/19:44	06:04	二等座￥553；一等座￥933；商务座￥1748	订票/手机抢票
G3/高铁	北京南/上海虹桥	14:00/18:50	04:50	二等座￥553；一等座￥933；商务座￥1748	订票/手机抢票
G43/高铁	北京南/上海虹桥	14:05/19:37	05:32	二等座￥553；一等座￥933；商务座￥1748	订票/手机抢票
G141/高铁	北京南/上海虹桥	14:10/20:07	05:57	二等座￥553；一等座￥933；商务座￥1748	订票/手机抢票
G143/高铁	北京南/上海虹桥	14:31/20:25	05:54	二等座￥553；一等座￥933；商务座￥1748	订票/手机抢票
G145/高铁	北京南/上海虹桥	14:36/20:37	06:01	二等座￥553；一等座￥933；商务座￥1748	订票/手机抢票
G17/高铁	北京南/上海虹桥	15:00/19:56	04:56	二等座￥553；一等座￥933；商务座￥1748	订票/手机抢票
G147/高铁	北京南/上海虹桥	15:46/21:50	06:04	二等座￥553；一等座￥933；商务座￥1748	订票/手机抢票
G21/高铁	北京南/上海虹桥	16:00/21:14	05:14	二等座￥553；一等座￥933；商务座￥1748	订票/手机抢票
G149/高铁	北京南/上海虹桥	16:25/22:22	05:57	二等座￥553；一等座￥933；商务座￥1748	订票/手机抢票

G23/ 高铁	北京南 / 上海虹桥	17:00/22:39	05:39	二等座 ￥553；一等座 ￥933；商务座 ￥1748	订票 / 手机抢票
G153/ 高铁	北京南 / 上海虹桥	17:15/22:49	05:34	二等座 ￥553；一等座 ￥933；商务座 ￥1748	订票 / 手机抢票
G157/ 高铁	北京南 / 上海虹桥	17:43/23:22	05:39	二等座 ￥553；一等座 ￥933；商务座 ￥1748	订票 / 手机抢票
G7/ 高铁	北京南 / 上海虹桥	19:00/23:56	04:56	二等座 ￥553；一等座 ￥933；商务座 ￥1748	订票 / 手机抢票
T109/ 特快	北京 / 上海	19:33/10:43	15:10	高级软卧 ￥919.5；软卧 ￥476.5；硬卧 ￥325.5；硬座 ￥177.5；无座 ￥177.5	订票 / 手机抢票
D313/ 动车	北京南 / 上海	19:34/07:41	12:07	二等座 ￥309；软卧 ￥615；无座 ￥309	订票 / 手机抢票
D321/ 动车	北京南 / 上海	21:23/09:13	11:50	二等座 ￥309；软卧 ￥615；无座 ￥309	订票 / 手机抢票

生　词

1.	车次	（名）	chēcì	train schedule
2.	车型	（名）	chēxíng	type of trains
3.	发站	（名）	fāzhàn	depart station
4.	到站	（名）	dàozhàn	reach station
5.	运行	（动）	yùnxíng	be in motion; run
6.	票价	（名）	piàojià	fare
7.	购	（动）	gòu	buy
8.	高铁	（名）	gāotiě	high-speed rail
9.	二等座	（名）	èrděngzuò	second class seat
10.	一等座	（名）	yīděngzuò	first class seat
11.	商务座	（名）	shāngwùzuò	business class seat

12.	订票		dìng piào	book tickets
13.	抢票		qiǎng piào	grab tickets
14.	高级	（形）	gāojí	high class
15.	软卧	（名）	ruǎnwò	soft sleeper
16.	硬卧	（名）	yìngwò	hard sleeper
17.	硬座	（名）	yìngzuò	hard seat
18.	无座	（名）	wúzuò	no seat
19.	特快	（名）	tèkuài	express train
20.	动车	（名）	dòngchē	bullet train

 练习

一 根据表格判断正误

1. （   ）北京到上海，大部分列车是高铁。

2. （   ）北京到上海，大部分是卧铺车。

3. （   ）北京到上海，动车比高铁便宜。

4. （   ）北京到上海，最便宜的火车票只要不到 200 元。

5. （   ）北京到上海，发站到站都是一样的。

6. （   ）北京到上海，不同时间的高铁价钱不一样。

7. （   ）北京到上海最快的火车不到 5 个小时。

8. （   ）北京到上海最慢的火车超过 20 个小时。

二 根据表格回答问题

G、D、T 分别代表什么意思？为什么中国铁路客车要用 G、D、T 来代表呢？

实用文体阅读

请假条

因父亲生病住院,家中无人照看,特请假三天回家照顾(3月26日至3月28日)。请批准。

此致
敬礼

请假人 李元永
2018年3月24日

生 词

1.	请假条	(名)	qǐngjiàtiáo	note of asking for leave
2.	住院		zhù yuàn	stay in hospital
3.	无	(动)	wú	without
4.	特	(副)	tè	specially
5.	批准	(动)	pīzhǔn	permit
6.	此致 敬礼		cǐzhì jìnglǐ	best regards

 练习

仿照这个请假条,写/说一个"请假条"。

看中国

部

"部"在汉语中多是一些机构、部门的名字。如：
中华人民共和国外交部　　越南文化部　　泰国商业部
现代汽车修理部　　301医院病人服务部　　TCL公司销售部
清华大学体育部　　深圳大学医学部
北京师范大学研究生工作部

 练习

请说出几个有"部"字的机构、部门。说说它们是做什么的。

第三课

第四课

文章阅读

阅读一

别数了

我和丈夫常常带我们的六个孩子一起开车出去旅行，出去时别人常常会注意我们，因为现在八个人的大家庭真的不多。

一天，一辆旅行车从后面超过了我们的车，我和丈夫都看到那辆车里有很多小脑袋。"那辆车上有多少个孩子呢？"我和丈夫决定去看一看。

我们的车越开越快,我告诉我的孩子:"等一会儿我们的车超过他们的时候,你们要注意看那辆旅行车里有多少人。"我们的车超过那辆车时,我发现那辆车的窗户上挂着一块小牌子,上面写着几个字:"别数了,一共十四个!"

生 词

1.	数	(动)	shǔ	count
2.	丈夫	(名)	zhàngfu	husband
3.	带	(动)	dài	lead; take
4.	开车		kāi chē	drive
5.	别人	(代)	biérén	other people
6.	注意	(动)	zhùyì	notice; pay attention
7.	旅行车	(名)	lǚxíngchē	van; wagon
8.	脑袋	(名)	nǎodai	head
9.	挂	(动)	guà	hang
10.	牌子	(名)	páizi	plate; sign

练习

一 根据课文内容选择正确答案

1. "我"家有多少个人?
   A. 八个人　　　　　　　　B. 六个人
   C. 十四个人　　　　　　　D. 不知道

2. 别人注意"我"家是因为:
   A. 我家的车大　　　　　　B. 我家的车快
   C. 我家的人多　　　　　　D. 我家的车上挂着一块牌子

3. "我"在哪里看见一辆旅行车?
   A. 牌子上　　　　　　　　B. 路上
   C. 窗户上　　　　　　　　D. 脑袋上

4. "我"和丈夫为什么要超过那辆旅行车?
   A. 不喜欢别人比自己快　　B. 想看那辆车为什么那么快
   C. 想看那辆车上有多少孩子　D. 那辆车里的人是他们的朋友

5. 旅行车里的一家人可能:
   A. 男孩子比较多
   B. 喜欢别人数他们家有多少人
   C. 不喜欢别人数他们家有多少人
   D. 知道自己因为人多常常被别人注意

二 复述文章

阅读二

家

暑假来了,高家在准备一件大事——高老太爷六十六岁的生日。克定说应该好好儿地庆祝一下,克安非常赞成,克明也同意。他们把这件事告诉了高老太爷,也跟他们的父亲商量了一些庆祝生日的事。

生日那天,很多客人来到高家,送来了很多礼物。家里的人都在忙,觉新还向公司请了一个星期的假回家帮忙。家里请了城里最有名的演员来表演,有京剧,也有川剧,要表演三天。

大家都忙着,都有自己的事情,只有觉民和觉慧两个人,他们什么也不做,还常常到外面去。他们讨厌家里做的一切。

改编自巴金《家》

生 词

1.	暑假	（名）	shǔjià	summer vacation
2.	庆祝	（动）	qìngzhù	celebrate
3.	赞成	（动）	zànchéng	approve; agree
4.	同意	（动）	tóngyì	agree with
5.	商量	（动）	shāngliang	discuss
6.	城	（名）	chéng	city
7.	京剧	（名）	jīngjù	Beijing Opera
8.	川剧	（名）	chuānjù	Sichuan Opera
9.	讨厌	（动）	tǎoyàn	dislike

专有名词

1.	高老太爷	Gāo lǎotàiyé	Grandpa Gao
2.	克定	Kèdìng	(name of a person)
3.	克安	Kè'ān	(name of a person)
4.	克明	Kèmíng	(name of a person)
5.	觉新	Juéxīn	(name of a person)
6.	觉民	Juémín	(name of a person)
7.	觉慧	Juéhuì	(name of a person)

练习

一 根据课文内容填空

1. 克安说应该好好儿地 _____ 一下，克安非常赞成，克明也 _____ 。
2. 在家里唱的戏，有 _____ ，也有 _____ ，要唱三天。
3. 觉民和觉慧两个人，他们 _____ 也不做，_____ 常常跑到外面去。

二 根据课文内容选择正确答案

1. 最早说给高老太爷人庆祝生日的人是谁？
   A. 克安　　　　　　B. 克明
   C. 克定　　　　　　D. 父亲

2. 帮助家里庆祝高老太爷生日的是谁？
   A. 觉新　　　　　　B. 觉慧
   C. 觉民　　　　　　D. 全部

3. 庆祝高老太爷生日时：
   A. 家里人唱戏给客人看　　B. 请演员唱戏给客人看
   C. 送给客人很多礼物　　　D. 请公司的人来帮忙

4. 不喜欢家里人庆祝高老太爷生日的有几个人？
   A. 很多人　　　　　B. 三人
   C. 两人　　　　　　D. 一人

三 复述文章

阅读三

日本生活费贵不贵

如果要去日本东京留学,一个月的生活费是多少呢?

宽松型: 10万日元

住房费5万日元(包括水电费),手机费5千日元,交通费5千日元,伙食费3万日元,交际费5千日元。

节省型: 7万日元

住房费4万日元(包括水电费),手机费4千日元,交通费3千日元,伙食费1万8千日元,交际费5千日元。

最低标准型: 5万日元

住房费3万日元(包括水电费),手机费2千日元,交通费2千日元,伙食费1万5千日元。

百度文库 2017-09-17

生 词

1.	生活费	（名）	shēnghuófèi	cost of living; living expenses
2.	宽松型	（形）	kuānsōngxíng	comfortable type
3.	日元	（名）	rìyuán	Japanese Yen
4.	住房费	（名）	zhùfángfèi	housing fee
5.	包括	（动）	bāokuò	include
6.	水电费	（名）	shuǐdiànfèi	water and electricity charge
7.	交通费	（名）	jiāotōngfèi	transportation fee
8.	伙食费	（名）	huǒshífèi	food cost
9.	交际费	（名）	jiāojìfèi	social expenses
10.	节省型	（形）	jiéshěngxíng	saving type
11.	最低标准型		zuìdī biāozhǔnxíng	minimum standard type

练习

一 根据课文内容选择正确答案

1. 在东京，一个月伙食费最少需要多少？
   A. 3万日元　　　　　　　B. 1万9千日元
   C. 1万5千日元　　　　　D. 1万日元

2. 在东京，如果一个月住房费用4万，住的是什么房子？
   A. 宽松型的　　　　　　B. 节省型的
   C. 最低标准型的　　　　D. 没有说

3. 在东京,水和电哪个贵?
 A. 水费贵　　　　　　　　B. 电费贵
 C. 水电一样贵　　　　　　D. 没有说

4. 在东京,用钱最多的是什么?
 A. 住　　　　　　　　　　B. 吃
 C. 打电话　　　　　　　　D. 坐车

5. 在东京,5千日元可以坐多少次车?
 A. 30次　　　　　　　　　B. 40次
 C. 50次　　　　　　　　　D. 没有说

二 说说你一个月的生活费用

实用文体阅读

海　报

　　奥斯卡获奖影片《爱乐之城》2月20日在友谊电影院上映,欢迎大家前来观看,票价30元。
　　售票处电话:34050287,34050288

友谊电影院
2月18日

生词

1.	海报	（名）	hǎibào	poster
2.	获奖		huò jiǎng	win an award
3.	影片	（名）	yǐngpiàn	film; movie
4.	上映	（动）	shàngyìng	be on show
5.	售票处	（名）	shòupiàochù	ticket office

专有名词

1.	奥斯卡	Àosīkǎ	Oscar
2.	友谊电影院	Yǒuyì Diànyǐngyuàn	Friendship Cinema
3.	爱乐之城	Àiyuè Zhī Chéng	La La Land (name of a film)

练习

仿照这个海报，写/说一个"海报"。

看中国

处

"处"在汉语中有两个意思,一个是地方,一个是办公机构。如:

学生休息处　　　自行车停放处　　机场问讯处
电影院售票处　　新生报到处　　　旅客登记处
清华大学外事处　LG公司人事处　　俄罗斯大使馆文化处

 练习

请说出几个你知道的有"处"字的地方。说说它们是做什么的。

第五课

文章阅读

阅读一

小孩儿玩手机花了近5万块钱

在深圳工作的李先生5月回湖南看太太和儿子。在家的时候,儿子喜欢拿他的手机玩游戏。李先生6月回深圳后,发现回家一个月时间手机有近50条转账记录,一共超过4.7万元。

李先生发现,这50条转账记录都是手机游戏充值,5月27日一天就花出去2.6万元,3100元一笔,5000元两笔,最大的一笔9999元。

李先生和几家游戏公司联系，想把这些钱拿回来，因为这些钱是给儿子看病的。有些公司说要调查，有些公司拒绝了他。

《广州日报》2017-07-04

生词

1.	花	（动）	huā	spend
2.	近	（动）	jìn	almost
3.	游戏	（名）	yóuxì	game
4.	条	（量）	tiáo	measure word
5.	转账		zhuǎn zhàng	transfer money
6.	记录	（名）	jìlù	record
7.	充值		chōng zhí	recharge
8.	笔	（量）	bǐ	measure word for money or business
9.	联系	（动）	liánxì	contact
10.	调查	（动）	diàochá	investigate; survey
11.	拒绝	（动）	jùjué	refuse; reject

专有名词

1.	深圳	Shēnzhèn	Shenzhen (name of a Chinese city)
2.	湖南	Húnán	Hunan (name of a Chinese province)

练习

一 根据课文内容选择正确答案

1. 李先生到湖南是做什么？
   A. 工作   B. 看太太
   C. 看儿子   D. B 和 C

2. 李先生发现被转走的钱一共有多少？
   A. 近 5 万元   B. 2.6 万元
   C. 3100 元   D. 9999 元

3. 是谁转走了李先生的钱？
   A. 太太   B. 儿子
   C. 游戏公司   D. 没有说

4. 李先生的这些钱是做什么的？
   A. 给手机游戏充值的   B. 给儿子玩儿游戏的
   C. 给儿子看病的   D. 没有说

 复述文章

阅读二

母亲秃头儿子一定秃头

很多男人秃头，为什么会这样呢？在法国巴黎的一个皮肤会议上，德国玛堡·菲利普大学的霍夫曼医生说："秃头跟遗传有关系。男人秃头跟父亲有关系，但跟母亲的关系更大。"

他还说："如果母亲是秃头或者掉了很多头发，那么儿子一定是秃头。"

健康网 2007-08-20

生 词

1.	秃头	（名）	tūtóu	bald head
2.	皮肤	（名）	pífū	skin
3.	遗传	（名）	yíchuán	heredity
4.	掉	（动）	diào	drop
5.	头发	（名）	tóufa	hair

专有名词

1.	法国	Fǎguó	France
2.	巴黎	Bālí	Paris
3.	菲利普大学	Fēilìpǔ Dàxué	Philip University
4.	霍夫曼	Huòfūmàn	Hoffman

练习

一 根据课文内容判断正误

1. （　　）母亲如果秃头，儿子一定是秃头。
2. （　　）说母亲秃头儿子一定秃头的是法国医生。
3. （　　）母亲如果不秃头，儿子也一定不是秃头。
4. （　　）男人秃头跟父亲也有关系。

二 你知道什么东西会遗传吗？

三 复述文章

阅读三

北京出发国际机票

日期	从　到	价格	日期	从　到	价格
07-18（单程）	北京—釜山	¥808	08-20（单程）	北京—东京	¥1302
07-18（往返）	北京—乌兰巴托	¥3535	08-23（单程）	北京—悉尼	¥1504
07-20（单程）	北京—首尔	¥707	08-29（单程）	北京—华盛顿	¥3848
07-20（单程）	北京—巴厘岛	¥1878	09-05（单程）	北京—吉隆坡	¥909
07-22（单程）	北京—巴黎	¥2323	09-07（单程）	北京—莫斯科	¥1212
07-22（往返）	北京—维也纳	¥4221	09-13（单程）	北京—洛杉矶	¥2969
07-23（往返）	北京—开罗	¥4282	09-16（单程）	北京—曼谷	¥808
07-25（单程）	北京—加德满都	¥1989	09-16（单程）	北京—汉堡	¥2525
07-26（单程）	北京—大阪	¥1737	09-16（单程）	北京—汉堡	¥2525
07-26（单程）	北京—法兰克福	¥2474	09-22（单程）	北京—伊斯坦布尔	¥1191
07-26（单程）	北京—伊尔库茨克	¥1484	09-24（单程）	北京—圣彼得堡	¥2424
07-26（单程）	北京—大阪	¥1737	09-26（单程）	北京—福冈	¥1717
07-26（单程）	北京—法兰克福	¥2474	09-30（往返）	北京—雅典	¥8473
07-26（单程）	北京—华沙	¥3888	10-01（单程）	北京—罗马	¥3181
07-27（单程）	北京—伊斯兰堡	¥2211	10-04（单程）	北京—雅加达	¥1939
07-28（往返）	北京—仰光	¥3120	10-12（单程）	北京—温哥华	¥2828
07-30（单程）	北京—万象	¥1888	10-20（单程）	北京—马尼拉	¥595
07-31（单程）	北京—柏林	¥2474	10-26（单程）	北京—香港	¥888
07-31（单程）	北京—日内瓦	¥2474	10-30（单程）	北京—伦敦	¥1191
07-31（单程）	北京—柏林	¥2474	10-31（单程）	北京—新加坡	¥989
07-31（单程）	北京—日内瓦	¥2474	11-01（单程）	北京—金边	¥2312
08-01（单程）	北京—胡志明市	¥707	11-05（单程）	北京—新德里	¥2182
08-01（单程）	北京—河内	¥1454	11-07（单程）	北京—旧金山	¥3383
08-01（单程）	北京—威尼斯	¥4595	11-09（往返）	北京—台北	¥1161
08-02（往返）	北京—高雄	¥1373	11-25（单程）	北京—芝加哥	¥3211
08-04（单程）	北京—都柏林	¥6908	11-29（往返）	北京—马德里	¥3636
08-05（单程）	北京—澳门	¥2545	12-01（单程）	北京—纽约	¥3434
08-13（单程）	北京—米兰	¥2949	12-11（单程）	北京—济州	¥1393
08-16（单程）	北京—费城	¥1118			

去哪儿网

生 词

1.	出发	（动）	chūfā	set out; depart
2.	单程	（名）	dānchéng	one way
3.	往返	（动）	wǎngfǎn	round trip

练习

一 根据课文内容填空

1. 7月18日北京到釜山的单程票，票价是_____元。
2. 8月1日北京到河内的单程票，票价是_____元。
3. 9月26日北京到福冈的单程票，票价是_____元。
4. 10月4日北京到雅加达的单程票，票价是_____元。
5. 11月29日北京到马德里的往返票，票价是_____元。
6. 12月1日北京到纽约的单程票，票价是_____元。

二 根据课文内容判断正误

1. （   ）北京到首尔比到马尼拉贵。
2. （   ）北京到莫斯科比到华沙贵。
3. （   ）北京到巴黎比到华盛顿便宜。
4. （   ）北京到台北比到香港便宜。
5. （   ）北京到金边跟到巴黎差不多。
6. （   ）北京到开罗的票价差不多可以买两张到新德里的票。

实用文体阅读

告　示

因线路维修，30日（星期日）上午8点到下午4点停电，请大家互相告知。特此通知。

学院水电科

3月27日

生 词

1.	告示	（名）	gàoshì	announcement; notice
2.	线路	（名）	xiànlù	power line
3.	维修	（动）	wéixiū	maintain and repair
4.	停电		tíng diàn	power cut, power failure
5.	告知	（动）	gàozhī	inform
6.	水电科	（名）	shuǐdiànkē	water and electricity department

 练习

仿照这个告示，写/说一个"告示"。

看中国

馆

"馆"汉语的意思是一个房子,用来招待客人、收藏文物、展示文化,可用于服务的场所,也可用于国家驻外机构的场所等。如:

沙面宾馆	首都博物馆	杭州市图书馆
西安展览馆	天河体育馆	五华游泳馆
永芳照相馆	泰国大使馆	韩国领事馆

 练习

请说出几个你知道的有"馆"字的地方。说说它们是做什么的。

第六课

文章阅读

阅读一

查尔斯王子

查尔斯王子马球打得非常好,常常参加比赛。2005年他不打马球了,因为他在打马球的时候两次受重伤。他以前也很喜欢打猎,但是2005年也不打了,因为那一年法律不让打猎了。他也喜欢钓鱼,还去冰岛钓过鱼。

查尔斯王子很懂艺术,他会演戏、会画画儿,很多人都喜欢他的画儿。他也写过书,对哲学也很感兴趣。

改编自百度百科

生词

1.	马球	（名）	mǎqiú	polo
2.	受重伤		shòu zhòngshāng	be seriously injured
3.	打猎		dǎ liè	hunt
4.	法律	（名）	fǎlǜ	law
5.	钓鱼		diào yú	go fishing
6.	艺术	（名）	yìshù	art
7.	演戏		yǎn xì	act
8.	哲学	（名）	zhéxué	philosophy

专有名词

| 1. | 查尔斯王子 | Chá'ěrsī wángzǐ | Prince Charles |
| 2. | 冰岛 | Bīngdǎo | Iceland |

练习

一 根据课文内容选择正确答案

1. 查尔斯王子喜欢的运动是：
   A. 马球　　　　　　B. 足球
   C. 篮球　　　　　　D. A 和 B

2. 查尔斯王子到冰岛去做什么？
   A. 打猎　　　　　　B. 打马球
   C. 钓鱼　　　　　　D. 没有说

3. 查尔斯王子不喜欢做的事情是什么？

  A. 演戏   B. 画画儿

  C. 写书   D. 没有说

二 复述文章

三 说说你对打猎、钓鱼的看法

阅读二

中产阶级

在美国，中产阶级是那些每年收入在 5-8 万美元以上的人，美国有 43% 的人收入在 5 万美元以上。

不同的国家和地区，中产阶级也是不一样的。香港中文大学吕大乐教授说，在中国香港，一个月 2 万到 5 万港币就是中等收入了，但是，这不是说你一定就是中产阶级了，还要看你住的是什么房子，住在哪里，怎么用钱。吕教授认为 20%～30% 的香港人是中产阶级。

综合百度文库

生 词

1.	中产阶级		zhōngchǎn jiējí	middle class
2.	收入	（名）	shōurù	income
3.	美元	（名）	měiyuán	U.S. dollar
4.	港币	（名）	gǎngbì	HK dollar
5.	中等	（形）	zhōngděng	medium; moderate; average

专有名词

1.	香港中文大学	Xiānggǎng Zhōngwén Dàxué	The Chinese University of Hong Kong
2.	吕大乐	Lǚ Dàlè	(name of a person)

一 根据课文内容填空

1. 美国中产阶级每年的收入约在 _____ 美元以上。
2. 美国有 _____% 的人收入在 5 万美元以上。
3. 香港的中等收入是一个月 2 万到 _____ 港币。
4. 吕教授认为香港有 _____ 的人口是中产阶级。

二 说说你们国家什么样的人是"中产阶级"

阅读三

放羊娃和足球

2018年7月15日,俄罗斯世界杯决赛在法国队和克罗地亚队之间进行。最后,法国队4比2战胜克罗地亚队,获得冠军。克罗地亚队获得亚军,队长莫德里奇获得世界杯金球奖。

莫德里奇小时候是一个放羊娃,家里经济条件不是很好,战争让他成为难民。但是他一直热爱足球,最后成为世界上最优秀的足球运动员。

综合新华社 2018-07-16

生 词

1.	放羊娃	(名)	fàngyángwá	shepherd boy
2.	决赛	(名)	juésài	final
3.	战胜	(动)	zhànshèng	beat, overcome
4.	获得	(动)	huòdé	win, obtain
5.	冠军	(名)	guànjūn	champion
6.	亚军	(名)	yàjūn	runner-up
7.	条件	(名)	tiáojiàn	conditions
8.	战争	(名)	zhànzhēng	war
9.	难民	(名)	nànmín	refugee
10.	运动员	(名)	yùndòngyuán	athlete

专有名词

1.	俄罗斯世界杯	Éluósī Shìjièbēi	FIFA World Cup, Russia
2.	克罗地亚	Kèluódìyà	Croatia (*name of a country*)
3.	莫德里奇	Mòdélǐqí	Luka Modric (*name of a person*)
4.	世界杯金球奖	Shìjièbēi Jīnqiújiǎng	FIFA Golden Ball Award

练习

一 根据课文内容选择正确答案

1. 2018年世界杯比赛的地方是在哪里？
    A. 法国　　　　　　B. 俄罗斯
    C. 克罗地亚　　　　D. 没有说

2. 获得冠军的是哪支球队？
    A. 法国队　　　　　B. 克罗地亚队
    C. 俄罗斯队　　　　D. 没有说

3. 莫德里奇小时候当过什么？
    A. 演员　　　　　　B. 农民
    C. 放羊娃　　　　　D. 没有说

4. 莫德里奇的爸爸是做什么的？
    A. 运动员　　　　　B. 放羊人
    C. 医生　　　　　　D. 没有说

二 复述这件事，说说你熟悉的著名运动员的事。

实用文体阅读

通　知

　　9月23日至26日，华山公司举办"'华山手机'中学生三人篮球赛"，本市中学生均可报名参加。

　　报名截止日期：9月11日。

　　报名地点：市内各便利店、麦香面包店、好家洗衣店。

华山公司广告部
杭州大世界体育馆
8月11日

生　词

1.	举办	（动）	jǔbàn	hold; organize (event, meeting, etc)
2.	均	（副）	jūn	all
3.	报名		bào míng	enroll; register
4.	截止	（动）	jiézhǐ	deadline; end; close
5.	便利店		biànlìdiàn	convenience store
6.	面包店		miànbāodiàn	bakery
7.	洗衣店		xǐyīdiàn	laundry

练习

仿照这个通知，写/说一个"通知"。

看中国

公　司

"公司"是商业机构最常用的名字。如：

苹果公司	三星公司	海尔公司
茶叶进出口公司	永大贸易公司	东风汽车公司
川大物业公司	华北医药公司	青海文化发展公司

练习

请说出几个你知道的公司名字。说说它们是做什么的。

第七课

文章阅读

阅读一

喝醉了

一个喝醉酒的男人走出假日酒店,上了一辆出租车后对司机说:"希尔顿酒店,8楼818房间。"司机刚一开车,那个男人就开始一件一件地脱衣服。司机觉得有点儿奇怪,就对那个男人说:"先生,您的  房间还没到呢!"那个男人一听就生气了,他大声地说:"你为什么不早一点儿说?刚才我已经把皮鞋脱在这个房间的外边了!"

生 词

1.	醉	（动）	zuì	drunk
2.	出租车	（名）	chūzūchē	taxi
3.	司机	（名）	sījī	driver
4.	脱	（动）	tuō	take off

专有名词

| 1. | 假日酒店 | Jiàrì Jiǔdiàn | Holiday Inn |
| 2. | 希尔顿酒店 | Xī'ěrdùn Jiǔdiàn | Hilton Hotel |

练习

一 根据课文内容选择正确答案

1. 喝醉酒的男人住在：
   A. 假日酒店　　　　　　B. 希尔顿酒店
   C. 家里　　　　　　　　D. 出租车上

2. 男人脱衣服是因为：
   A. 他热了　　　　　　　B. 他已经到房间了
   C. 他以为到房间了　　　D. 他不要衣服了

3. 男人脱鞋的地方可能在：
   A. 假日酒店门口　　　　B. 希尔顿酒店门口
   C. 818 房间外边　　　　D. 出租车上

二 复述文章

阅读二

法国交通事故

2013年7月12日下午,法国首都巴黎附近一个火车站发生交通事故,一列从巴黎开出的火车脱轨。事故造成4名男子和2名女子死亡,多人受伤。这是1988年以来法国发生的最严重的一起火车事故。

1988年6月27日,在法国里昂火车站也发生一起事故。一列火车撞上另一列停在那里的火车,事故造成56人死亡,57人受伤。那次事故是1938年以来最严重的铁路事故。

新华网 2013-07-14

生 词

1.	交通事故		jiāotōng shìgù	traffic accident
2.	发生	（动）	fāshēng	happen
3.	脱轨		tuō guǐ	derail
4.	造成	（动）	zàochéng	cause
5.	死亡	（动）	sǐwáng	die
6.	严重	（形）	yánzhòng	serious
7.	撞	（动）	zhuàng	collide

专有名词

| 里昂 | Lǐ'áng | Lyon |

练习

一 选择词语填空

1. 一列 _____。（轮船　火车　公共汽车）
2. 一起 _____。（本子　咖啡　事故）
3. 三名 _____。（人　老师　卡车）
4. 发生 _____。（火车站　事故　严重）
5. 造成 _____。（死亡　撞　火车）

二 根据课文内容判断正误

1.（　）7月12日的火车事故没有人死亡。
2.（　）7月12日的事故有6个人受伤。

3.（   ）7月12日的事故发生在下午。
4.（   ）1988年的事故跟天气不好有关系。
5.（   ）1988年的事故死亡和受伤的人超过100个。
6.（   ）1988年的事故是两列火车撞在一起了。

三 你觉得发生交通事故的原因是什么？

阅读三

女人喜欢什么男人

有些女人觉得工作非常努力的男人是好男人。这些好男人每天很早就离开家去上班，晚上很晚才回来。他们常常给太太打电话："我今天有事，不能回去吃晚饭了。"这个时候太太只好一个人吃晚饭。有时候他们星期天也要工作，还常常去外地出差。

这些男人工资很高，常常给太太买很贵的礼物。他们家里有汽车，有房子，太太也可以买漂亮的衣服。这些男人在家的时候很少，太太有时候会不高兴。但是，一个男人总是在家，女人会喜欢他吗？

生 词

1.	上班		shàng bān	go to work
2.	只好	（副）	zhǐhǎo	have to
3.	外地	（名）	wàidì	other place
4.	工资	（名）	gōngzī	wage; salary
5.	总是	（副）	zǒngshì	always

练习

● 根据课文内容选择正确答案

1. 工作非常努力的男人：
   A. 每天很早回家　　B. 每个星期天都工作
   C. 每天给太太打电话　D. 总是很忙

2. 男人不回家吃晚饭可能是因为：
   A. 工作　　　　　　B. 买礼物
   C. 去看病　　　　　D. 没有车

3. "常常去外地出差"中"出差"的意思是：
   A. 到外地学习　　　B. 买礼物
   C. 到外地工作　　　D. 吃饭

4. 工作非常努力的男人，家里的经济情况怎么样？
   A. 不好　　　　　　B. 不错
   C. 一般　　　　　　D. 不知道

5. 太太有时候不高兴，可能是因为：

　　A. 男人不给她钱　　　　B. 她没有漂亮的衣服

　　C. 男人总是不在家　　　D. 男人总是在家

二 说说"工作非常努力的好男人"是怎么样的

实用文体阅读

南开大学校友会通知

　　南开大学校友会定于 2017 年 9 月 23 日（星期六）上午 10 时在南京大学第三教学楼 201 召开"2017 年江苏南开校友大会"。请校友互相告知并积极参加。

江苏南开校友会

2017 年 5 月 15 日

生词

1.	校友会	（名）	xiàoyǒuhuì	alumni association
2.	互相	（副）	hùxiāng	each other
3.	积极	（形）	jījí	active

专有名词

1.	南开大学	Nánkāi Dàxué	Nankai University
2.	南京大学	Nánjīng Dàxué	Nanjing University

练习

仿照这个通知,写/说一个"通知"。

看中国

中 心

"中心"是各类机构常用的名字。如:

北京大学美国研究中心　　河北省人事考试中心　　世界杯新闻中心
游客服务中心　　　　　　韩国文化中心　　　　　汉语研究中心

 练习

请说出几个你知道的"中心"的名字。说说它们是做什么的。

第八课

文章阅读

阅读一

上海大爷为儿子征婚

"双十一"这天,上海一家电影院门口有一位大爷坐在那里为儿子征婚。他的条件很"霸气":"姑娘,做我的儿媳妇,公公每年为你清空购物车!从今年开始!"

但是很多女网友看完征婚条件后说:

"说真的,要父母出钱出面征婚的男人我不喜欢。"

"他儿子32岁,要求女方25-28岁,上海人,还要近期生孩子,很奇葩。"

凤凰网 2017-11-12

生 词

1.	征婚		zhēng hūn	seek marriage
2.	霸气	（形）	bàqì	domineering
3.	儿媳妇	（名）	érxífu	daughter in law
4.	公公	（名）	gōnggong	father in law
5.	清空购物车		qīngkōng gòuwùchē	empty shopping cart (pay for everything)
6.	出面		chū miàn	come forward, appear personally
7.	要求	（动）	yāoqiú	require, request, ask for
8.	近期	（名）	jìnqī	in the near future
9.	奇葩	（名）	qípā	wonderful flower, miracle (new meaning is ridiculous, absurd)

专有名词

双十一	Shuāngshíyī	A double 11 (November 11, Singles' Day, is a largest online shopping day in China)

一 根据课文内容判断正误

1. （   ）大爷想找女朋友。
2. （   ）大爷为儿子找女朋友。

3.（　　）大爷愿意为儿媳妇付钱买东西。

4.（　　）大爷的儿子很老。

5.（　　）大爷的儿子28岁了。

6.（　　）女孩儿们都愿意当大爷的儿媳妇。

7.（　　）有女孩儿觉得大爷的儿子不好。

8.（　　）大爷很想早一点儿当爷爷。

二 复述文章

阅读二

巴厘岛的酒店

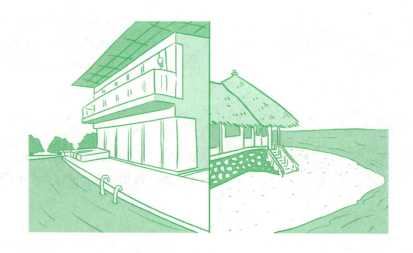

印度尼西亚的巴厘岛非常漂亮，我给大家介绍两个我住过的酒店：

库塔地区：X酒店。那是一个很小的酒店，游泳池很好，房间很安静，离发现者商城走路只要15分钟左右，买东西很方便。那里叫出租车不太方便。标准间每天50

美元左右。

　　罗威那地区:Y酒店。有点儿简陋,不过有自己的沙滩,下海游泳很方便。酒店环境不错,SPA很好。标准间每天70美元左右。

生词

1.	地区	(名)	dìqū	region
2.	游泳池	(名)	yóuyǒngchí	swimming pool
3.	安静	(形)	ānjìng	quiet
4.	方便	(形)	fāngbiàn	convenient
5.	标准间	(名)	biāozhǔnjiān	standard room
6.	简陋	(形)	jiǎnlòu	simple and crude
7.	沙滩	(名)	shātān	beach
8.	环境	(名)	huánjìng	environment

专有名词

1.	巴厘岛	Bālí Dǎo	Bali (*name of a place*)
2.	印度尼西亚	Yìndùníxīyà	Indonesia
3.	库塔	Kùtǎ	Kuta (*name of a place*)
4.	发现者商城	Fāxiànzhě Shāngchéng	Discovery Mall
5.	罗威那	Luówēinà	Lovina (*name of a place*)

练习

● 一 根据课文内容选择正确答案

1. X 酒店跟 Y 酒店比，哪个便宜？
   A. 价钱一样　　　　　　B. Y 便宜
   C. X 便宜　　　　　　　D. 没有说

2. X 酒店跟 Y 酒店比，哪个大？
   A. X 大　　　　　　　　B. Y 大
   C. 一样大　　　　　　　D. 没有说

3. X 酒店跟 Y 酒店比：
   A. 玩水方便　　　　　　B. 买东西方便
   C. 吃饭方便　　　　　　D. 交通方便

4. 库塔和罗威那，哪里漂亮？
   A. 库塔漂亮　　　　　　B. 罗威那漂亮
   C. 库塔和罗威那一样漂亮　D. 没有说

● 二 复述文章

阅读三

演员吸毒被抓获

3月9日,北京警察在朝阳区的一个房间内将演员王某某等三人抓获,现场发现冰毒等毒品。

王某某多次在电视剧中演警察,是很多观众心中的"好男人"。在某电视剧中,他演一位缉毒警察,演得非常好。现在,演"缉毒警察"的人因为吸毒被抓获了,人们觉得很痛心。

《西安晚报》2015-03-11

生 词

1.	演员	(名)	yǎnyuán	actor
2.	吸毒		xī dú	take drugs
3.	抓获	(动)	zhuāhuò	capture
4.	现场	(名)	xiànchǎng	scene
5.	冰毒	(名)	bīngdú	smokable methamphetamine
6.	毒品	(名)	dúpǐn	drug
7.	电视剧	(名)	diànshìjù	teleplay

8.	演	（动）	yǎn	act
9.	观众	（名）	guānzhòng	audience
10.	缉毒	（动）	jīdú	antidrug, drug-suppressing
11.	痛心	（形）	tòngxīn	pained, distressed, grieved

专有名词

| 朝阳区 | Cháoyáng Qū | Chaoyang District (*name of a place in Beijing*) |

练习

◉ 根据课文内容选择正确答案

1. 王某某是做什么的？
   A. 演员　　　　　　B. 警察
   C. 医生　　　　　　D. 没有说

2. 警察一共抓获了几个人？
   A. 一人　　　　　　B. 两人
   C. 三人　　　　　　D. 没有说

3. 警察为什么抓王某某：
   A. 他偷东西　　　　B. 他吸毒
   C. 他杀人　　　　　D. 没有说

4. 和王某某一起被抓获的是什么人?

　　A. 演员　　　　　　B. 商人

　　C. 医生　　　　　　D. 没有说

5. 王某某的表演怎么样?

　　A. 不好　　　　　　B. 一般

　　C. 很好　　　　　　D. 没有说

二 请复述这件事,并说说你对毒品问题的看法

实用文体阅读

征婚启事

　　刘先生,35岁,未婚,博士,大学教师,身体健康,身高1.78米,有北京三环内三室一厅住房一套。现觅年龄25岁以下、大专以上学历、身体健康、相貌好、人品好的未婚女士为伴。有意者请联系。手机:13322769011,QQ:3408021766。非诚勿扰。

生词

1.	未婚		wèi hūn	unmarried
2.	博士	（名）	bóshì	PhD, doctor
3.	觅	（动）	mì	look for
4.	大专	（名）	dàzhuān	junior college
5.	相貌	（名）	xiàngmào	facial features; looks; appearance
6.	人品	（名）	rénpǐn	character; moral quality; personality
7.	伴	（名）	bàn	companion
8.	有意者	（名）	yǒuyìzhě	people who have an interest
9.	非诚勿扰		fēi chéng wù rǎo	Don't bother if you are not pure-hearted.

专有名词

三环	Sānhuán	Third Ring Road (*name of a road*)

练习

仿照这个征婚启事，写 / 说一个"征婚启事"。

看中国

路　道　街

城市道路最常用的名字就是"路""道""街"。如：

北京学院路　　香港金钟道　　台北汉口街
西安东风路　　海口人民大道　澳门风顺堂街
厦门中山路　　武汉解放大道　贵阳花果园后街

 练习

请说出几个你知道的道路名字。说说那里有什么。

第九课

文章阅读

阅读一

人和狗

一个人带着他的小狗坐船，小狗突然掉到海里去了，这个人很着急，请船长停船，把小狗救上来。

船长不愿意，他说："如果是人，我们一定要救，可是狗不像人那样重要，我不能因为一只狗停船，那样会耽误大家的时间。"

听了船长的话，这个爱狗的人想了想，一下子就跳进海里去了，而且大叫"救命！救命！"船长只好停船，把这个人和小狗一起救上来了。

生 词

1.	救	（动）	jiù	rescue
2.	愿意	（动）	yuànyì	willing to
3.	重要	（形）	zhòngyào	important
4.	耽误	（动）	dānwu	delay
5.	救命		jiù mìng	Help!

练习

一 根据课文内容判断正误

1. （   ）小狗从船上掉进海里了。
2. （   ）这个人叫船长停船，可是船长没有听见。
3. （   ）这个人想了一会儿是因为他听不懂船长的话。
4. （   ）最后，船长把这个人和小狗都救上来了。
5. （   ）这篇文章的主要意思是说狗很重要。

二 请复述这个故事

阅读二

魂断蓝桥

第一次世界大战时,英国军官罗依在桥上遇到芭蕾舞演员玛拉,他们相爱了。就在他们准备结婚时,罗依出发去打仗了。

一天,玛拉在报纸上看到一个消息,说罗依死了,她很伤心。为了生活,她当了妓女。

谁也没有想到,罗依没有死,几年以后,他们在火车站又见面了。罗依还爱着玛拉,准备跟她结婚。玛拉觉得自己当过妓女,对不起罗依和他的家人,所以她在桥上向汽车扑去,自杀了。

生 词

1.	军官	(名)	jūnguān	army officer
2.	芭蕾舞	(名)	bālěiwǔ	ballet
3.	相爱	(动)	xiāng'ài	love each other

4.	打仗		dǎ zhàng	fight; go to war
5.	妓女	（名）	jìnǚ	prostitute
6.	扑	（动）	pū	throw oneself on
7.	自杀	（动）	zìshā	commit suicide

专有名词

1.	魂断蓝桥	Hún Duàn Lán Qiáo	Waterloo Bridge (*name of a film*)
2.	第一次世界大战	Dì-yī Cì Shìjiè Dàzhàn	The World War I
3.	罗依	Luóyī	Roy Cronin (*name of a person*)
4.	玛拉	Mǎlā	Myra (*name of a person*)

练习

一 根据课文内容填空

1. 故事发生在第一次 _____ 大战时。
2. 英国军官罗依在 _____ 遇到芭蕾舞演员玛拉。
3. 玛拉觉得自己当过 _____，对不起罗依和他的家人。
4. 就在他们准备结婚时，罗依出发去 _____ 了。

二 根据课文内容选择正确答案

1. 玛拉当妓女是因为：

　　A. 罗依不跟她结婚　　　　　B. 罗依走了

　　C. 为了生活　　　　　　　　D. 她看了报纸

2. 罗依没有跟玛拉结婚是因为：
   A. 罗依去打仗了   B. 罗依死了
   C. 玛拉不愿意   D. 玛拉当了妓女

3. 玛拉自杀是因为：
   A. 罗依不爱她了   B. 罗依的家人不喜欢她
   C. 她向汽车扑去   D. 她当过妓女

三 请复述这个故事。如果你看过这个电影，请给我们详细讲一讲

阅读三

中国大学生一个月要花多少钱

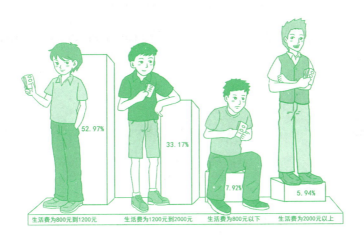

"每个月1000到1500元就够花了。在学校吃饭很便宜，一天30元已经吃得很好了。"清华大学学生许晓东说。

在武汉，52.97%的大学生每个月的生活费为800元到1200元，33.17%的大学生每个月的生活费在1200元到

2000元，7.92%的大学生每个月的生活费在800元以下，5.94%的大学生每个月的生活费在2000元以上。

教育网 2017-09-06

生 词

| 1. | 够 | （形） | gòu | enough |
| 2. | 以下 | （名） | yǐxià | below |

专有名词

1.	清华大学	Qīnghuá Dàxué	Tsinghua University
2.	许晓东	Xǔ Xiǎodōng	(name of a person)
3.	武汉	Wǔhàn	Wuhan (name of a Chinese city)

练习

一 根据课文内容填空

1. 每个月 1000 到 1500 元就 _____。
2. 在学校吃饭很 _____，一天 30 元已经 _____ 了。
3. 在武汉，52.97% 的大学生每个月的 _____ 为 800 元到 1200 元。
4. 7.92% 的大学生每个月的生活费在 800 元 _____，5.94% 的大学生每个月的生活费在 2000 元 _____。

二 在你们国家，大学生的消费是怎么样的？他们的钱是从哪里来的？

实用文体阅读

考试通知

请同学们报名参加2017年5月12日的HSK考试。

报名时间：3月26日前。请登录汉语考试服务网：http://www.chinesetest.cn/index.do 报名，上传照片（JPG格式，小于100KB）。

交费：3月26日到4月4日上班时间前往学院办公室交费。（周六、周日不收费）

准考证：可上网下载打印，也可于4月4日前（星期一至星期五）前往办公室打印。

交费时请带本人护照和二寸照片一张。

汉语学院
2017年3月16日

生词

1.	登录	（动）	dēnglù	log in
2.	上传	（动）	shàngchuán	upload
3.	格式	（名）	géshì	format
4.	交费		jiāo fèi	pay fee
5.	准考证	（名）	zhǔnkǎozhèng	admission ticket for entrance examination
6.	下载	（动）	xiàzài	download
7.	打印	（动）	dǎyìn	print

专有名词

| 汉语考试服务网 | Hànyǔ Kǎoshì Fúwùwǎng | a Chinese test website |

 练习

仿照这个通知，写/说一个"通知"。

看中国

会

"会"在汉语中常用作机构的名字。如：
南京大学学生会　　河北体育协会　　　　黑龙江妇女联合会
中国爱鸟协会　　　长春市人民代表大会　台湾海外同学会
中国共产党江西省委员会　　山东省贸易促进会
云南省民族委员会

 练习

请说出几个你知道的"会"的名字。说说它们是做什么的。

第九课

第十课

文章阅读

阅读一

土豆是什么时候传到云南的

土豆大约在 1525—1543 年从拉丁美洲传到欧洲,后来又传到别的地方。国外一本书上说,1650 年,一个叫斯特儒斯的荷兰人在台湾见到有人种土豆。也有研究农业历史的人说,土豆是 1822 年传到台湾的,然后再传到福建、广东和中国其他地方。

1905 年,英国传教士 H. Parsons 从美国种子公司买来一批土豆,在云南试种,成功以后向农民推广。这段历史很清楚,所以土豆传入云南的时间,应该有一百多年了。

《云南日报》2002-12-13

生 词

1.	土豆	（名）	tǔdòu	potato
2.	传到		chuándào	spread to; reach to
3.	种	（动）	zhòng	plant
4.	农业	（名）	nóngyè	agriculture
5.	传教士	（名）	chuánjiàoshì	missionary; churchman
6.	种子	（名）	zhǒngzi	seed
7.	成功	（动）	chénggōng	succeed
8.	推广	（动）	tuīguǎng	promote
9.	段	（量）	duàn	section; segment; part

专有名词

1.	拉丁美洲	Lādīng Měizhōu	Latin America
2.	欧洲	Ōuzhōu	Europe
3.	荷兰	Hélán	Holland
4.	斯特儒斯	Sītèrúsī	Strays (name of a person)
5.	福建	Fújiàn	Fujian (name of a Chinese province)
6.	广东	Guǎngdōng	Guangdong (name of a Chinese province)
7.	云南	Yúnnán	Yunnan (name of a Chinese province)

练习

一 根据课文内容填空

1. 土豆大约在 1525–1543 年从拉丁美洲 _____ 欧洲。
2. 1650 年,一个叫斯特儒斯的荷兰人在台湾见到有人 _____ 土豆。
3. 土豆是 1822 年传到台湾的,_____ 再传到福建、广东和中国 _____ 地方。
4. 1905 年,英国 _____ H. Parsons 从美国种子公司买来一批土豆,在云南试种,成功以后向农民 _____。

二 复述文章

阅读二

九 江

江西省的九江市是一个可爱的地方,虽然天气很热,但还是可爱。九江人很友好,对外地人很客气。二十年前我在江西住过一个多月,我感到这是对的。在九江,大街小巷我都去过了,我看这里到处都很和平,没有打架吵架的声音。我向人问路,他恨不得把你送到目的地。我觉得江西人真的很好客。我说九江是一个可爱的地方，也是因为这个。

改编自丰子恺《庐山游记二·九江印象》

生 词

1.	大街小巷		dà jiē xiǎo xiàng	street and lanes
2.	到处	（名）	dàochù	everywhere
3.	和平	（形）	hépíng	peaceful
4.	打架		dǎ jià	fight
5.	恨不得		hènbude	be anxious to
6.	目的地	（名）	mùdìdì	destination
7.	好客	（形）	hàokè	hospitable

专有名词

1.	九江	Jiǔjiāng	Jiujiang (name of a Chinese city)
2.	江西省	Jiāngxī Shěng	Jiangxi (name of a Chiese province)

练习

🟢 一 根据课文内容判断正误

1.（   ）九江市天气很热。

2.（   ）"我"一个月以前去过江西。

3. (　　) "我"喜欢九江,因为九江很漂亮。

4. (　　) 九江人很友好。

5. (　　) 江西人喜欢外地人。

6. (　　) "我"在江西住了二十年。

二 复述文章

阅读三

泰国公主在武汉

2013年4月9日,泰国公主诗琳通来到武汉,参观了池莉小说《她的城》中写到的地方,公主把这本书翻译成了泰文。

在汉口的天桥上,诗琳通公主看到"中山大道""江汉路"等路牌。她拿出照相机照相,还用《她的城》后面的一张汉口地图来对照地名。

诗琳通公主说:"《她的城》里说到了很多湖北美食,这也是我非常感兴趣的。"在武汉,诗琳通公主吃了热干面等湖北美食。公主说:"很好吃。"

泰国公主诗琳通很小就学习中国历史和文学，能说一口流利的汉语，她已经把很多中国的文学作品翻译成了泰文。

中国社会科学在线 2013-04-13

生 词

1.	翻译	（动）	fānyì	translate
2.	天桥	（名）	tiānqiáo	platform bridge; overpass
3.	路牌	（名）	lùpái	street sign
4.	对照	（动）	duìzhào	contrast
5.	美食	（名）	měishí	cuisine
6.	热干面	（名）	règānmiàn	hot noodles with sesame paste
7.	流利	（形）	liúlì	fluent
8.	作品	（名）	zuòpǐn	works; composition

专有名词

1.	泰国	Tàiguó	Thailand
2.	诗琳通	Shīlíntōng	Sirindhorn (name of a person)
3.	泰文	tàiwén	Thai language
4.	池莉	Chí Lì	Chi Li (name of a person)
5.	她的城	Tā de Chéng	Her City (name of a novel)
6.	汉口	Hànkǒu	Hankou (name of a Chinese place)
7.	湖北	Húběi	Hubei (name of a Chinese province)

练习

一 根据课文内容选择正确答案

1. 诗琳通公主以前去过武汉吗？
   A. 去过一次　　　　　　B. 去过两次
   C. 没有去过　　　　　　D. 没有说

2. 诗琳通公主了解武汉是因为什么？
   A. 她以前在武汉住过　　B. 她有一位武汉的朋友
   C. 她翻译了一本关于武汉的书　　D. 没有说

3. 诗琳通公主可能没有：
   A. 参观工厂　　　　　　B. 吃武汉美食
   C. 参观街道　　　　　　D. 跟武汉人谈话

4. 诗琳通公主：
   A. 汉语很好　　　　　　B. 了解中国历史
   C. 了解中国文学　　　　D. 以上全对

 复述文章

实用文体阅读

告 示

因改造城市道路，本市场将于本月三日起暂时关闭，不便之处，敬请原谅。

市场管理处

2018 年 3 月 1 日

生 词

1.	改造	（动）	gǎizào	reform; remould
2.	本	（代）	běn	this
3.	暂时	（形）	zànshí	temporary
4.	关闭	（动）	guānbì	close; shut
5.	不便之处		bú biàn zhī chù	inconvenience
6.	敬请原谅		jìng qǐng yuánliàng	please forgive
7.	市场管理处		shìchǎng guǎnlǐchù	market management office

 练习

仿照这个告示，写/说一个"告示"。

看中国

室

"室"是一个建筑物里的房间,汉语中常用它来指明一个房间的用途。如:

阅览室	候车室	休息室
办公室	乒乓球室	值班室
经理室	卧室	电脑室

 练习

请说出几个你知道的"室"的名字。说说它们是做什么的。

第十课

第十一课

文章阅读

阅读一

付电费

一个顾客早上对旅馆的老板说:"老板,房间没有空调,太热了!昨天我一夜都睡不着觉,只好起来看书。这样的房间还要二百块钱一天,真是太贵了!"

旅馆老板问:"你昨天真的看了一夜的书吗?"

"是啊。"顾客回答。

老板说:"对不起,那你必须多付二十块钱的电费,请给我二百二十块钱。"

生 词

1.	旅馆	（名）	lǚguǎn	hotel
2.	老板	（名）	lǎobǎn	boss
3.	空调	（名）	kōngtiáo	air conditioner
4.	必须	（助动）	bìxū	must

练 习

 根据课文内容选择正确答案

1. 旅馆的房间一天多少钱？
   A. 二百块　　　　　　B. 二百二十块
   C. 二十块　　　　　　D. 不知道

2. 顾客不能睡觉是因为房间：
   A. 很大　　　　　　　B. 很热
   C. 很黑　　　　　　　D. 很贵

3. 老板说要顾客多付二十块钱是因为：
   A. 顾客没有睡觉　　　B. 顾客住的时间长
   C. 顾客用空调　　　　D. 顾客夜里看书用了电

二 复述文章

阅读二

体重的标准

现在全世界体重超过标准的人有12亿,占了74亿总人口的16%。

体重的标准指数是:人的体重(公斤)除以身高(米)的平方,如体重70公斤,身高1.7米,就是 $70 \div 1.7^2 = 24.2$。

18岁以上的西方人,指数在20至24.9为健康,25至29.5为超重,30为肥胖。18岁以上的亚洲人,指数18.5至23为健康,超过23为超重,超重会危害健康。

专家说,亚洲人和西方人不一样,体重一样的亚洲人和西方人,亚洲人更容易生病。

生 词

1.	体重	(名)	tǐzhòng	weight
2.	标准	(名)	biāozhǔn	standard
3.	指数	(名)	zhǐshù	index
4.	除以	(动)	chúyǐ	divide

5.	米	（量）	mǐ	meter
6.	平方	（名）	píngfāng	square
7.	肥胖	（形）	féipàng	fat
8.	危害	（动）	wēihài	endanger
9.	西方	（名）	xīfāng	west

专有名词

| 亚洲 | Yàzhōu | Asia |

练习

一 根据课文内容计算和判断

序号		身高	体重	指数	A（健康）	B（超重）	C（肥胖）
1	30岁的西方人	1.90米	95公斤	26.32			
2	55岁的亚洲人	1.55米	55公斤	22.89			
3	38岁的西方人	1.75米	91公斤	29.71			
4	46岁的西方人	1.85米	82公斤	23.96			
5	79岁的亚洲人	1.65米	68公斤	24.98			
6	25岁的西方人	1.7米	95公斤	32.87			
7	20岁的亚洲人	1.80米	70公斤	21.60			

二 复述课文

阅读三

会说话的鹦鹉

一个人在街上看到一个商人在卖鹦鹉,他问商人:"鹦鹉会说话吗?"

商人说:"当然会说!不信,你握一握它的右脚。"

那个人握了握鹦鹉的右脚,鹦鹉很清楚地说:"你好!你好!"他很高兴。

商人又说:"你再握一握它的左脚。"

那人又握了握鹦鹉的左脚,鹦鹉很清楚地说:"再见!再见!"

那人更高兴了,马上买下了这只鹦鹉。

回家后他很高兴,一会儿握握鹦鹉的左脚,一会儿握握鹦鹉的右脚。鹦鹉不停地说:"你好!再见!"这个人突然想要试试同时握住它的两只脚,看它会说什么。他一把握住了鹦鹉的两只脚。这时鹦鹉大声地说:"干什么?你想摔死我啊!"

生词

1.	鹦鹉	（名）	yīngwǔ	parrot
2.	商人	（名）	shāngrén	businessman
3.	握	（动）	wò	hold in one's hand
4.	同时	（名）	tóngshí	at the same time
5.	摔	（动）	shuāi	throw

练习

一 根据课文内容判断正误

1. （   ）握鹦鹉的右脚，鹦鹉会说："你好！"
2. （   ）握鹦鹉的左脚，鹦鹉会说："干什么？"
3. （   ）同时握住鹦鹉的左脚和右脚，鹦鹉会说："你好！再见！"
4. （   ）这只鹦鹉真的会说话。
5. （   ）这只鹦鹉被摔死了。

二 请复述这个故事

实用文体阅读

足球海报

中国国家足球队和法国国家足球队将于本月13日晚7时在工人体育场举行中法足球友谊赛,门票现已在全市体育场售票处公开发售,票价:一等350元,二等250元,三等150元。学生凭学生证可获85折优惠(每人最多可购两张)。也可以网上购票,网址:www.chinafootball.com.cn。

千龙体育公司公关部
2017年5月8日

生词

1.	足球队	(名)	zúqiúduì	football team
2.	举行	(动)	jǔxíng	hold (meeting, party, game, event, etc)
3.	发售	(动)	fāshòu	sell
4.	凭	(动)	píng	base on
5.	85折		bāwǔ zhé	15% discount
6.	优惠	(名)	yōuhuì	discount
7.	网址	(名)	wǎngzhǐ	website

专有名词

工人体育场	Gōngrén Tǐyùchǎng	Workers' Stadium

第十一课

 练习

仿照这个海报，写/说一个"海报"。

看中国

堂

"堂"一般是一个大的建筑物，或建筑物里一个比较大的房间。也常常被用来给建筑物、商号起名字。如：

礼堂　　　宾馆大堂　　　食堂
教堂　　　人民大会堂　　同仁堂

 练习

请说出几个你知道的"堂"。说说那里是做什么的。

第十二课

文章阅读

阅读一

韩国的便利店

韩国的便利店非常发达,到2017年7月,韩国便利店达到3.7万家。韩国总人口为5125万,平均每1365人就有一家便利店,超过以前的

"便利店王国"日本(日本每2226人有一家便利店)。在外国人眼中,24小时营业的便利店也成了韩国文化的象征。

韩国的便利店除了销售食品、生活用品外,还提供换钱、为手机充电等多种服务。

《环球时报》2017-08-25

生 词

1.	发达	（形）	fādá	well developed
2.	王国	（名）	wángguó	kingdom
3.	营业	（动）	yíngyè	do business
4.	象征	（名）	xiàngzhēng	symbol
5.	除了……还	（连）	chúle……hái	in addition to...also
6.	食品	（名）	shípǐn	food
7.	生活用品		shēnghuó yòngpǐn	household goods
8.	提供	（动）	tígōng	provide; supply
9.	充电		chōng diàn	charge (a battery)

练习

一 根据课文内容判断正误

1. （　　）韩国的便利店很发达。
2. （　　）韩国现在有 1365 家便利店。
3. （　　）韩国的总人口是 5125 万。
4. （　　）韩国的便利店很晚才关门。
5. （　　）韩国的便利店只卖吃的东西。
6. （　　）韩国的便利店提供很多服务。

二 复述文章

阅读二

马来西亚警察减肥

马来西亚全国122000名警察中有11000名肥胖,越来越多的警察得了糖尿病、心脏病和其他跟肥胖有关的疾病,每天平均有560名警察请病假。

全国警察总监朱基菲利说:"在2015年,我们有大约200名警员因为心脏病和糖尿病等疾病死去。"

朱基菲利说:"警察一定要健康,我们要奔跑和抓坏人。我不认为一个肥胖警员的办事能力跟一个健康的警察一样强。"

全国警察总长卡立阿布巴卡说:"肥胖的警察如果想升迁,就要先减肥。"

中国青年网 2016-02-17

生 词

1.	减肥		jiǎn féi	lose weight
2.	糖尿病	(名)	tángniàobìng	diabetes; mellitus
3.	心脏病	(名)	xīnzàngbìng	heart disease
4.	疾病	(名)	jíbìng	disease
5.	总监	(名)	zǒngjiān	chief inspector
6.	奔跑	(动)	bēnpǎo	run
7.	抓	(动)	zhuā	catch
8.	办事		bàn shì	handle affairs
9.	能力	(名)	nénglì	ability
10.	强	(形)	qiáng	strong
11.	总长	(名)	zǒngzhǎng	chief; commissioner
12.	升迁	(动)	shēngqiān	promote

专有名词

1.	马来西亚	Mǎláixīyà	Malaysia
2.	朱基菲利	Zhūjīfēilì	(name of a person)
3.	卡立阿布巴卡	Kǎlì'ābùbākǎ	(name of a person)

练习

一 根据课文内容选择正确答案

1. 马来西亚全国有多少警察？
   A. 122000 人   B. 11000 人
   C. 560 人   D. 没有说

2. 2015 年有 200 名马来西亚警察因为肥胖：
   A. 病了   B. 请假
   C. 死了   D. 减肥

3. 文章说哪个病跟肥胖有关？
   A. 高血压   B. 糖尿病
   C. 心脏病   D. B 和 C

4. 朱基菲利觉得肥胖的警察跟健康的警察比怎么样？
   A. 能力不强   B. 能力强
   C. 能力一样   D. 没有说

5. 卡立阿布巴卡说肥胖的警察如果不减肥，就不能：
   A. 奔跑   B. 抓人
   C. 升迁   D. A、B 和 C

二 肥胖真的有问题吗？谈谈你的看法

阅读三

垃圾问题

我家旁边有一条小河，现在很脏。以前这条小河是很干净的，还可以游泳。因为没有人管理，很多人往里面乱扔垃圾，这条河就越来越脏了。后来，这条很脏的河被改为下水道，上面变成了路。人们乱扔垃圾有点儿不方便了，可是他们还是把垃圾扔到门外边的路上。

世界上有许多问题很难解决，垃圾问题可能就是一个。有时候，我看着门口别人乱扔的垃圾，常常想到：经济发展了，社会进步了，怎么垃圾问题还是没有解决呢？我觉得垃圾问题是人的问题。

改编自梁实秋《垃圾》

生词

1.	垃圾	（名）	lājī	rubbish
2.	乱	（形）	luàn	in disorder
3.	扔	（动）	rēng	throw away
4.	下水道	（名）	xiàshuǐdào	sewer
5.	发展	（动）	fāzhǎn	develop

6.	社会	（名）	shèhuì	society
7.	进步	（动）	jìnbù	improve

练习

一 根据课文内容填空

1. 我家旁边有一条小河，现在很 _____ 。
2. 后来，这条很脏的河被改为 _____ 了，上面变成了路。
3. _____ 上有许多问题很难解决，垃圾问题 _____ 就是一个。

二 根据课文内容选择正确答案

1. 河越来越脏是因为：
   A. 有人游泳　　　　　　B. 没有人管理
   C. 有人往里面扔垃圾　　D. B 和 C

2. 后来人们乱扔垃圾有点儿不方便是因为：
   A. 有人管了　　　　　　B. 河上面变成了路
   C. 河太脏了　　　　　　D. B 和 C

3. 垃圾问题：
   A. 不能解决　　　　　　B. 容易解决
   C. 很难解决　　　　　　D. 已经解决了

4. 作者觉得垃圾问题：
   A. 是人的问题　　　　　　B. 经济发展就解决了
   C. 社会进步就解决了　　　D. 以上全部

三 说说你对垃圾的看法

实用文体阅读

放假通知

2017年国庆节放假安排如下：10月1日-10月8日放假8天。9月30日（星期六）上下周一的课。希望各级各班安排好上课事宜。

教务处

2017年9月15日

生词

1.	安排	（动）	ānpái	arrange
2.	事宜	（名）	shìyí	matters; affairs
3.	教务处	（名）	jiàowùchù	administrative office

专有名词

国庆节	Guóqìng Jié	National Day

第十二课

 练习

仿照这个通知,写/说一个"通知"。

看中国

热 烈

"热烈"是汉语标语中的常用语,表示很高兴地做一件事。如:
热烈欢迎中国国家足球队
热烈庆祝北京大学建校一百二十周年
热烈祝贺我校篮球队获得冠军

 练习

请用"热烈"说一个标语,或抄一个有"热烈"字样的标语交给老师。

第十三课

文章阅读

阅读一

中国年轻人和传统节日

春节是中国最重要的节日,特别是大年三十吃年夜饭,那是中国家庭一年里最重要的活动,很多人千辛万苦回家,就是为了能和家人一起吃年夜饭。

也有一些年轻人不太了解中国传统节日,觉得过春节没有意思。他们喜欢过外国的情人节、圣诞节、万圣节。

现在中国政府非常重视传统文化,相信今后的年轻人会越来越重视传统节日。

生词

1.	传统	（形）	chuántǒng	traditional
2.	节日	（名）	jiérì	festival
3.	千辛万苦		qiān xīn wàn kǔ	innumberable trails and hardships
4.	年夜饭	（名）	niányèfàn	Lunar New Year's Eve dinner
5.	重视	（动）	zhòngshì	pay attention to; attach importance to
6.	相信	（动）	xiāngxìn	believe; trust

专有名词

1.	情人节	Qíngrén Jié	Valentine's Day
2.	圣诞节	Shèngdàn Jié	Christmas Day
3.	万圣节	Wànshèng Jié	Halloween

练习

一 根据课文内容判断正误

1.（　）现在春节不是中国最重要的节日了。

2.（　）吃年夜饭是中国人家庭最重要的活动。

3.（　）中国年轻人都觉得传统节日很有意思。

4.（　）中国年轻人都不喜欢过外国节。

5.（　）中国政府很重视传统节日。

二 复述文章

阅读二

回娘家

我在西班牙常常告诉我的那些已经结婚的朋友:"我娘家在海边,那里到处都是农田,我娘家的房子是个中国式的老房子,在农田和竹子中间。院子里有一口井,门前有条小河。每次我回娘家,都要先坐公共汽车,再坐出租车,下了车以后还要走一段长长的土路才能到家。"

看到我的朋友很认真地听,我会笑起来说:"这不是真的。我希望我的娘家是这样的。其实我的娘家在台北,在一幢灰色的公寓里,当然没有小河,没有农田,也没有竹子。"

改编自三毛《回娘家》

生词

1.	娘家	（名）	niángjia	home or family of a married woman's parents
2.	农田	（名）	nóngtián	farmland; cropland
3.	式	（名）	shì	style
4.	竹子	（名）	zhúzi	bamboo
5.	院子	（名）	yuànzi	yard
6.	井	（名）	jǐng	well
7.	土	（名）	tǔ	earth; dirt
8.	其实	（副）	qíshí	in fact
9.	幢	（量）	zhuàng	the unit for a building
10.	灰色	（名）	huīsè	gray
11.	公寓	（名）	gōngyù	apartment

专有名词

1.	西班牙	Xībānyá	Spain
2.	台北	Táiběi	(name of a city in Taiwan province)

练习

一 根据课文内容选择正确答案

1. "我"可能是哪里人？

   A. 乡下人　　　　　　　　B. 台北人

   C. 西班牙人　　　　　　　D. 没有说

2. "我"结婚了没有？
   A. 结婚了　　　　　　　B. 没有结婚
   C. 准备结婚　　　　　　D. 没有说

3. "我"可能：
   A. 喜欢城市　　　　　　B. 喜欢乡下
   C. 喜欢公寓　　　　　　D. 喜欢回娘家

4. "我"的娘家在哪里？
   A. 西班牙　　　　　　　B. 乡下
   C. 城市　　　　　　　　D. 院子里

5. "我"的娘家：
   A. 有小河　　　　　　　B. 要坐出租车
   C. 有院子　　　　　　　D. 在公寓里

6. "我"现在住的房子在哪里？
   A. 在台北　　　　　　　B. 在乡下
   C. 在公寓里　　　　　　D. 没有说

二 复述文章

阅读三

歌手李娜的出家生活

1997年5月，女歌手李娜唱完那首有名的《青藏高原》之后，就离开北京到五台山出家了。1998年，李娜到美国洛杉矶研究佛学。

20年过去了，李娜现在在洛杉矶过着非常简单的生活，每天3点起床，一日两餐，过午不食。很多人希望去见她，但她不希望有人打扰她，更不想见媒体。

李娜说："我喜欢清静，没有家庭和孩子，这样好，我喜欢。我有过爱情，谈过恋爱，只是没有结婚生子。"

生 词

1.	歌手	（名）	gēshǒu	singer
2.	出家		chū jiā	become a monk or nun
3.	佛学	（名）	fóxué	buddhism
4.	过午不食		guò wǔ bù shí	do not eat after noon
5.	打扰	（动）	dǎrǎo	disturb
6.	媒体	（名）	méitǐ	mass-media
7.	清静	（形）	qīngjìng	peaceful and quiet

| 8. | 爱情 | （名） | àiqíng | love |
| 9. | 谈恋爱 | | tán liàn'ài | be in love |

专有名词

1.	李娜	Lǐ Nà	(name of a person)
2.	青藏高原	Qīngzàng Gāoyuán	The Tibetan Plateau
3.	五台山	Wǔtái Shān	Wutai Mountain
4.	洛杉矶	Luòshānjī	Los Angeles

练习

一 根据课文内容选择正确答案

1. 李娜出家可能是因为什么？
   A. 父母的希望　　　　　　B. 她生病了
   C. 她的爱情出问题了　　　D. 没有说

2. 李娜现在在哪里？
   A. 北京　　　　　　　　　B. 五台山
   C. 洛杉矶　　　　　　　　D. 没有说

3. 李娜现在怎么样？
   A. 生活很简单　　　　　　B. 工作很忙
   C. 有很多朋友　　　　　　D. 没有说

4. 下面哪种人是李娜最不喜欢见的?
   A. 家人　　　　　　　　B. 朋友
   C. 同学　　　　　　　　D. 媒体

5. 李娜现在喜欢什么?
   A. 唱歌　　　　　　　　B. 清净
   C. 家庭　　　　　　　　D. 孩子

6. 哪个不是李娜有过的生活?
   A. 结婚　　　　　　　　B. 恋爱
   C. 唱歌　　　　　　　　D. 有名

二 复述文章

实用文体阅读

寻物启事

本月22日,本人不慎在图书馆到第三学生宿舍楼的路上遗失黑色皮包一个,内有身份证、借书证、学生证等物品。本人万分焦急,请拾到的好心人与我联系,酬谢三百元。

电话:13922769016

电子邮件:kaketu@hotmail.com

失主

2017年9月23日

生词

1.	寻物启事		xúnwù qǐshì	lost ad
2.	不慎		bú shèn	carelessly
3.	遗失	（动）	yíshī	lose
4.	万分	（副）	wànfēn	very; extremely
5.	焦急	（形）	jiāojí	anxious
6.	拾到	（动）	shídào	pick up
7.	好心人	（名）	hǎoxīnrén	a kind person
8.	酬谢	（动）	chóuxiè	reward sb. for his kindness

 练习

仿照这个寻物启事，写/说一个"寻物启事"。

看中国

禁　止

"禁止"是汉语标语中的常用词语，表示一定不能做某事，有时也写成"严禁"，程度比"请勿""不准"强烈。如：

禁止吸烟　　　　禁止拍照　　　　严禁用火
请勿随地吐痰　　请勿喧哗　　　　请勿打扰
不准停车　　　　不准打猎　　　　不准进入

练习

请用"禁止""严禁""请勿""不准"各说一个标语，或抄一个、拍一张有"禁止""严禁""请勿""不准"字样的标语照片交给老师。

第十四课

文章阅读

阅读一

谁的楼高

有一天,两个不同国家的人碰在一起,他们说起谁的国家的楼最高。

甲说:"我们国家的楼太高了,要是从我们国家最高的楼上跳下来,要好几个小时才能落地。"

乙说:"那算什么!你说的那种楼在我们国家太多了,要是你从我们国家最高的楼上跳下来,还没有落地你已经饿死了。"

生 词

1.	碰	（动）	pèng	meet
2.	落地		luò dì	fall to the ground
3.	算什么		suàn shénme	It is nothing

练习

● 一 根据课文内容选择正确答案

1. 这两个人在比什么？
   A. 谁跳得高   B. 哪个国家的楼高
   C. 哪个国家高楼多   D. 谁跳楼可以不死

2. 甲和乙两个人为什么要比？
   A. 为了钱   B. 为了工作
   C. 为了吃的东西   D. 不知道

3. 谁说的楼更高？
   A. 甲   B. 乙
   C. 一样   D. 不知道

 复述文章

阅读二

2016年全球十大消息应用

2016年4月,德国统计公司Statista发布全球十大消息类应用统计数据,按照月活跃用户数(MAU)排名,十大APP排名如下:

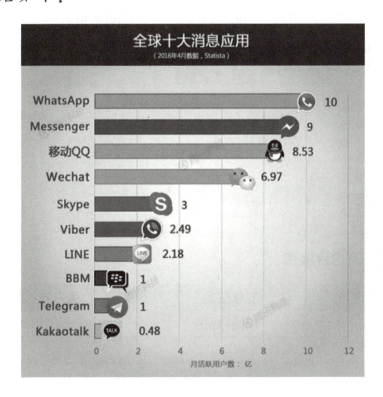

腾讯网 2016-07-15

生词

1.	全球	（名）	quánqiú	the whole world
2.	应用	（名）	yìngyòng	app
3.	统计	（名/动）	tǒngjì	statistics; add up
4.	发布	（动）	fābù	issue; announce
5.	数据	（名）	shùjù	data
6.	按照	（介）	ànzhào	according to
7.	月活跃用户数		yuè huóyuè yònghù shù	Monthly Active Users (MAU)
8.	排名		pái míng	rank

 练习

一 根据课文内容填空

排名	消息应用	用户数（亿）
1	WhatsApp	10
3		
4		
6		
7		
9		
10		

二 说说你的手机里有什么应用

阅读三

初到清华

　　一九二五年夏天，我从南方来到北平，住在一个朋友家。第一次到清华大学是坐三轮车去的，我九点多离开住的地方，到清华大学时差不多十二点了。过了一两天，我就把行李搬到清华大学学生宿舍去了。这次是坐火车去的，在朝阳门站上的车。

　　那时候也可以坐汽车，不过汽车是从北平到海淀，下了车还要走路或坐三轮车。

　　那时海淀到清华，一路常有穷女人或孩子跟着车要钱。他们除"您行行好"等常用语句外，有时会说"您将来做校长"，这是别处听不见的。

改编自朱自清《初到清华记》

生 词

1.	初	（副）	chū	at the beginning
2.	三轮车	（名）	sānlúnchē	tricycle
3.	行李	（名）	xíngli	luggage
4.	搬	（动）	bān	move; carry
5.	穷	（形）	qióng	poor
6.	您行行好		nín xíngxing hǎo	Would you be so kind
7.	将来	（名）	jiānglái	in future
8.	做	（动）	zuò	to be
9.	校长	（名）	xiàozhǎng	principal

专有名词

1.	北平	Běipíng	(name of Beijing during 1928-1949)
2.	朝阳门	Cháoyáng Mén	(name of a place)
3.	海淀	Hǎidiàn	(name of a place)

练习

一 根据课文内容选择正确答案

1. "我"为什么到清华大学去？
   A. 上学　　　　　　　B. 教书
   C. 看朋友　　　　　　D. 没有说

2. "我"第一次到清华大学是：

    A. 一个人去的   B. 两个人去的

    C. 三个人去的   D. 没有说

3. 坐汽车从北平到清华大学：

    A. 要在朝阳门换火车   B. 要在海淀换三轮车或走路

    C. 要在海淀换火车   D. 没有说

4. 穷女人或孩子跟着车要钱时说"您将来做校长"可能是因为：

    A. 穷女人或孩子觉得校长的钱多   B. 穷女人或孩子想做校长

    C. 知道他们是清华大学的学生   D. 校长喜欢给穷女人或孩子钱

二 复述文章

实用文体阅读

通　知

参加龙虎山旅行的同学请于星期日（25日）早上七点半准时在留学生宿舍门口集合上车。过时不候。

学院办公室
2018 年 3 月 23 日

生词

1.	集合	（动）	jíhé	assemble
2.	过时不候		guò shí bú hòu	We won't wait for you if you are late

 练习

仿照这个通知，写/说一个"通知"。

看中国

园

"园"在汉语中一般是用来指公园、花园，但现在一些商业机构也用来做自己的名字，一些商品房也喜欢用"园"来做名字：

北京动物园	四川人民公园	福建植物园
西安世博园	黄河科技园	复旦大学幼儿园
成都四季花园	上海珠江花园	深圳城市花园

 练习

请说出几个你知道的有"园"的地方。说说它们是做什么的。

第十四课

第十五课

文章阅读

阅读一

疼女人的上海男人

我来自台北,来上海以前听人说"在上海生儿子不值钱,生女儿才值钱",到了上海才慢慢体会到了这句话。

我们公司好多男同事每天快下班时总是坐立不安,不停地看手表,后来才知道他们得回家买菜、带小孩儿。我问:"那你太太做什么呢?"这些上海男人会说:"太太也很辛苦,她也要上班啊!"上海男人小时候就学习打扫房间、买菜做饭,都知道疼老婆,他们觉得做家务是应该的。

很多男同事家的钱都是老婆管着,每天要靠老婆给他零用钱。

我挺羡慕上海女人的。

凤凰网 2013-01-07

生词

1.	疼	(动)	téng	love dearly
2.	值钱	(形)	zhíqián	valuable
3.	体会	(动)	tǐhuì	experience
4.	坐立不安		zuòlì-bù'ān	be on pins and needles
5.	辛苦	(形)	xīnkǔ	laborious
6.	家务	(名)	jiāwù	housework
7.	零用钱	(名)	língyòngqián	pocket money
8.	羡慕	(动)	xiànmù	envy; admire

练习

一 根据课文内容填空

1. "在上海 _____ 儿子不值钱,生 _____ 才值钱"。
2. 我们公司好多男 _____ 每天快下班时总是坐立不安,不停地看 _____ 。

3. 上海男人小时候就学习 _____ 房间、买菜 _____。

4. 我 _____ 羡慕上海女人的。

二 根据课文内容判断正误

1. (   ) 在上海，生女儿的人很高兴。
2. (   ) 上海男人不愿意做家务事。
3. (   ) 上海女人大部分都不在外面工作。
4. (   ) 上海女人的零用钱是男人给的。
5. (   ) 有些上海男人的零用钱是太太给的。

三 复述文章

阅读二

我是一个讲故事的人

有八个人在一座庙里躲雨，天上打着雷，一个个火球在庙门外滚来滚去，天上还有龙在叫，大家都很害怕。

一个人说："我们八个人中，一定有一个人干过坏事，谁干过坏事，就自己走出去受罚，不要让好人受牵连。"没有人出去。

又有人说："大家都不想出去，那我们就把自己的草帽往外扔，谁的草帽被刮出庙门，谁就是干坏事的人，他就要出去受罚。"于是大家就把自己的草帽往庙门外扔，

　　七个人的草帽被刮回了庙内,只有一个人的草帽被刮出去了。大家叫这个人出去,他不愿意,于是大家就把他扔出了庙门。

　　那个人刚被扔出庙门,那座庙就倒了。

改编自莫言在诺贝尔颁奖礼的演讲

生词

1.	庙	(名)	miào	temple
2.	躲雨		duǒ yǔ	take shelter from the rain
3.	打雷		dǎ léi	thunder
4.	滚来滚去		gǔnlái gǔnqù	roll on the ground
5.	害怕	(形)	hàipà	be afraid of

6.	受罚		shòu fá	be punished
7.	受牵连		shòu qiānlián	be involved in; be dragged in
8.	草帽	(名)	cǎomào	straw hat
9.	刮	(动)	guā	(wind) blow
10.	倒	(动)	dǎo	collapse; topple down

 练习

● 一 根据课文内容选择正确答案

1. 这个故事中有几个人？
   A. 一个人　　　　　　B. 七个人
   C. 八个人　　　　　　D. 没有说

2. 这些人在庙里是因为：
   A. 下雨　　　　　　　B. 打雷
   C. 怕龙　　　　　　　D. 怕火球

3. 有人说什么人应该从庙里出去？
   A. 有草帽的人　　　　B. 干了坏事的人
   C. 受牵连的人　　　　D. 大家

4. 那个从庙里离开的人是因为：
   A. 他做了坏事　　　　B. 他的草帽被刮出去了
   C. 他想出去　　　　　D. A 和 B

5. 最后没有受伤害的有几个人？
   A. 一个人　　　　　　B. 两个人
   C. 七个人　　　　　　D. 八个人

二 复述文章

阅读三

吴三桂和清军入关

1644年3月，李自成带着一百万农民起义军攻进北京城，明朝皇帝上吊自杀了，277年的明朝也结束了。

这个时候，明朝将军吴三桂和他的军队在山海关长城附近抵抗清军。他听说皇帝死了，不知道应该怎么办了。他想向农民起义军投降，后来  听说农民起义军在北京抓了他的爸爸和他喜欢的女人陈圆圆，非常生气，就投降了清军。他打开城门让清军入关。

清军到了北京，李自成跑了。10月，清朝皇帝到了北京，清朝开始了在全国267年的统治，都城一直是北京。

生词

1.	入关		rù guān	enter the Great Wall
2.	起义军	（名）	qǐyìjūn	the rebel army
3.	攻	（动）	gōng	attack
4.	皇帝	（名）	huángdì	emperor
5.	上吊		shàng diào	hang oneself
6.	将军	（名）	jiāngjūn	general
7.	抵抗	（动）	dǐkàng	resist
8.	投降	（动）	tóuxiáng	surrender
9.	统治	（动）	tǒngzhì	rule

专有名词

1.	吴三桂	Wú Sānguì	(name of a person)
2.	清军	Qīngjūn	the troops of Qing Dynasty
3.	李自成	Lǐ Zìchéng	(name of a person)
4.	明朝	Míngcháo	Ming Dynasty
5.	山海关	Shānhǎi Guān	(name of a place)
6.	清朝	Qīngcháo	Qing Dynasty

练习

一 根据课文内容选择正确答案

1. 明朝皇帝上吊自杀是因为：
   A. 清军　　　　　　B. 吴三桂
   C. 李自成　　　　　D. 陈圆圆

2. 哪个人不是农民起义军？

　　A. 李自成　　　　　　B. 吴三桂

　　C. 陈圆圆　　　　　　D. B 和 C

3. 吴三桂投降清军是因为：

　　A. 农民起义军抓了他的爸爸和陈圆圆

　　B. 他怕农民起义军

　　C. 他怕清军

　　D. 他不喜欢明朝

4. 清军是怎样进入长城的？

　　A. 打进来的　　　　　B. 吴三桂把他们放进来的

　　C. 悄悄进来的　　　　D. 没有说

5. 最后一句"都城一直是北京"里"都城"的意思是：

　　A. 国家　　　　　　　B. 全国

　　C. 首都　　　　　　　D. 全世界

6. 清朝的统治到什么时候结束了？

　　A. 1911 年　　　　　　B. 1644 年

　　C. 1949 年　　　　　　D. 1937 年

二 根据课文内容选择填空

1. 明朝皇帝（　　）
2. 清朝皇帝（　　）
3. 李自成（　　）
4. 吴三桂（　　）
5. 陈圆圆（　　）

A. 打开城门让清军进关
B. 1644 年 3 月上吊自杀
C. 被农民起义军抓走了
D. 带领起义军攻进北京
E. 1644 年 10 月到北京

实用文体阅读

学术讲座

题目：艾滋病研究的最新成果
主讲人：四川大学医学院李山明教授
时间：2017 年 12 月 21 日 15:30
地点：复旦大学医学院四楼会议室

复旦大学医学院办公室
2017 年 12 月 18 日

生词

1.	学术	（名）	xuéshù	academy
2.	讲座	（名）	jiǎngzuò	lecture
3.	艾滋病	（名）	àizībìng	AIDS
4.	成果	（名）	chéngguǒ	achievement
5.	主讲人	（名）	zhǔjiǎngrén	keynote speaker
6.	医学院	（名）	yīxuéyuàn	medical school

专有名词

复旦大学	Fùdàn Dàxué	Fudan University

仿照这个讲座通知，写/说一个"通知"。

看中国

在街头最常见的推销广告

大降价　　大减价　　跳楼价　　大出血　　清仓甩卖
优惠酬宾　大酬宾　　买一送一　亏本甩卖　×折

第十六课

文章阅读

阅读一

项链（1）

玛蒂尔德是个漂亮的女人，但是家里没有钱。

一天，她要和丈夫去参加一个重要的晚会。为了这个晚会，她丈夫给了她四百法郎买衣服，她又向朋友伏来士洁借了一条钻石项链。

在晚会上，她很高兴，因为她比别的女士更漂亮，男士们都想认识她，想和她跳舞。

晚会结束后，他们发现那条借来的钻石项链不见了！最后，他们用三万六千法郎买了一条新的钻石项链还给伏来士洁。为了这条项链,他们用光了自己所有的钱,还向别人借了一些钱。

改编自 [法] 莫泊桑《项链》

生词

1.	项链	(名)	xiàngliàn	necklace
2.	法郎	(名)	fǎláng	franc (currency)
3.	借	(动)	jiè	borrow
4.	钻石	(名)	zuànshí	diamond
5.	光	(形)	guāng	nothing left

专有名词

| 1. | 玛蒂尔德 | Mǎdì'ěrdé | Mathilde (name of a person) |
| 2. | 伏来士洁 | Fúláishìjié | Forestier (name of a person) |

练习

一 根据课文内容判断正误

1.（　）玛蒂尔德不怎么有钱。

2.（　）玛蒂尔德觉得这个晚会不重要。

3.（　）为了参加晚会,她向伏来士洁借了衣服。

4.（　）在晚会上玛蒂尔德很高兴。

5.（　　）他们借了三万六千法郎买了一条新的钻石项链还给伏来士洁。

二 复述文章

阅读二

项链（2）

为了还钱，玛蒂尔德他们搬到一个租来的小房子里，什么事都自己做，洗衣服、倒垃圾、打水、到市场买菜，她丈夫下班以后也去帮一个商人做工。

这样的生活过了十年。最后，他们把钱还完了。玛蒂尔德也老了。她有时想，生活真是奇怪，有时一点儿很小的事就把什么都改变了。

一天，她在大街上见到了伏来士洁太太，她还是那么年轻、漂亮。玛蒂尔德走上前去。

"早上好,伏来士洁。"

可是,伏来士洁已经不认识她了,她觉得自己被这个又老又穷的女人叫有点儿奇怪,她说:

"这位太太!我不认识您啊。"

"你不认识我吗?我是玛蒂尔德呀。"

伏来士洁惊叫了一声:

"噢!玛蒂尔德,你变了!"

改编自 [法] 莫泊桑《项链》

生词

1.	租	(动)	zū	rent
2.	倒	(动)	dào	pour; empty
3.	改变	(动)	gǎibiàn	change
4.	惊	(动)	jīng	surprise

 练习

一 根据课文内容判断正误

1. (　　) 玛蒂尔德的生活没有以前好了。
2. (　　) 玛蒂尔德要做很多事情。
3. (　　) 玛蒂尔德的丈夫当了商人。

4. (　　) 玛蒂尔德变老了。

5. (　　) 借别人的钱玛蒂尔德已经还完了。

6. (　　) 伏来士洁不认识玛蒂尔德是因为她太年轻漂亮了。

二 复述文章

阅读三

项链（3）

"对呀，我过了许多很苦的日子，你知道吗？这些都是为了你！"

"为了我？怎么回事？"

"以前，你不是借了一条钻石项链给我吗？"

"是啊，怎么样呢？"

"怎么样，我丢了那条项链。"

"不对，你已经还给我了。"

"我还给你的不是你借给我的那一条，那是我们花三万六千法郎买的。为了这条项链，我们过了十年的苦日子。"

伏来士洁看着她说：

"你说你买了一条钻石项链来还给我吗？"

"对呀，你没有看出来吧。那两条项链是一样的。"

说完，玛蒂尔德高兴地笑了。伏来士洁很感动，抓住玛蒂尔德的手：

"唉。可怜的玛蒂尔德，我的那一条是假的，最多值五百法郎！"

改编自 [法] 莫泊桑《项链》

生 词

1.	苦	（形）	kǔ	hard
2.	日子	（名）	rìzi	life; date
3.	怎么回事		zěnme huí shì	what's going on? What's the matter?
4.	丢	（动）	diū	lose
5.	还	（动）	huán	return; revert; send back
6.	感动	（形）	gǎndòng	be moved; be touched
7.	可怜	（形）	kělián	pitiful; poor
8.	假	（形）	jiǎ	fake
9.	值	（动）	zhí	value

练习

一 根据课文内容填空

1. 对呀，我过了许多很苦的 _____，你知道吗？这些都是为了你！
2. 以前，你不是 _____ 了一条钻石项链给我吗？
3. 我还给你的不是你借给我的那一条，那是我们 _____ 三万六千法郎买的。
4. 伏来士洁很 _____，抓住玛蒂尔德的手。
5. 可怜的玛蒂尔德，我的那一条是 _____ 的，最多值五百法郎！"

二 复述文章

实用文体阅读

紧急通知

　　原定于今天（6日）晚上在白云广场举行的"中美青年学生联欢会"因台风临时取消，特此通知。

北海大学生联合会
2017 年 9 月 6 日

生 词

1.	紧急	（形）	jǐnjí	emergent; urgent
2.	台风	（名）	táifēng	typhoon
3.	临时	（形）	línshí	temporary

 练习

仿照这个紧急通知，写/说一个"紧急通知"。

看中国

小心　注意　当心

"小心""注意""当心"常被用来提醒别人注意。如：

小心有电	小心火车	小心台阶
注意安全	注意卫生	注意事项
当心地滑	当心有车	当心触电

 练习

请说出几个你知道的有"小心""注意""当心"的标牌。

第十七课

文章阅读

阅读一

芭蕾舞剧《天鹅湖》

芭蕾舞剧《天鹅湖》一共有四幕。

第一幕。王子齐格弗里德和朋友一起玩儿,他妈妈来了,要他早一点儿结婚。妈妈离开以后,王子看见天上有一群天鹅飞过,他跟着天鹅来到了天鹅湖边。

第二幕。天鹅湖上有好多白天鹅。她们原来都是美丽的姑娘,恶魔罗德巴尔特把她们变成天鹅,公主奥杰塔也被变成一只天鹅。王子爱上了奥杰塔。

第三幕。在王子举行的晚会上,恶魔罗德巴尔特来了,他把自己的女儿变成奥杰塔的样子,王子不知道,爱上她了。后来王子知道上当了,他去天鹅湖边找奥杰塔。

第四幕。奥杰塔原谅了王子,恶魔生气了,他和王子打起来了。奥杰塔和其他天鹅姑娘一起帮助王子。最后,他们战胜了恶魔,天鹅们又变成了美丽的姑娘。奥杰塔公主和齐格弗里德王子幸福地在一起了。

生词

1.	天鹅	(名)	tiān'é	swan
2.	湖	(名)	hú	lake
3.	幕	(量)	mù	act; scene
4.	恶魔	(名)	èmó	devil
5.	上当		shàng dàng	be fooled; be tricked
6.	原谅	(动)	yuánliàng	forgive

专有名词

1.	齐格弗里德	Qígéfúlǐdé	Siegfried (name of a person)
2.	罗德巴尔特	Luódébā'ěrtè	Rothbart (name of a devil)
3.	奥杰塔	Àojiétǎ	Odette (name of a person)

第十七课

 练习

一 根据课文内容填空

1. ＿＿＿＿＿＿ 剧《天鹅湖》一共有 ＿＿＿＿ 幕。
2. 王子看见天上有一群 ＿＿＿＿ 飞过,他跟着天鹅来到了天鹅湖 ＿＿＿＿。
3. 她们原来都是美丽的 ＿＿＿＿,恶魔罗德巴尔特把她们 ＿＿＿＿ 天鹅。
4. 后来王子知道 ＿＿＿＿ 了,他去天鹅湖边 ＿＿＿＿ 奥杰塔。
5. 最后,他们 ＿＿＿＿ 了恶魔,天鹅们又变成了美丽的姑娘。奥杰塔公主和齐格弗里德王子 ＿＿＿＿ 地在一起了。

二 复述文章

三 你们国家有这样的故事吗?说一个给大家听听

阅读二

假文凭

方鸿渐读高中的时候家里给他找了一个未婚妻,他们没有见过面,互相不了解。后来方鸿渐到北京去读大学了,父母决定让他大学毕业以后就结婚。方鸿渐不喜欢自己的未婚妻,

159

因为不是他自己找的。毕业以前，未婚妻因为生病突然死了，方鸿渐自由了。

未婚妻的父亲把原来准备给他们结婚的两万块钱给了方鸿渐，让他去留学，所以方鸿渐到欧洲去了。

方鸿渐到了欧洲以后，不努力学习，第四年春天，他的钱快花光了，就决定回国。他父亲和未婚妻的父亲都写信问他是不是博士，方鸿渐觉得没有博士文凭很麻烦，就花十美元从美国买了一个假的德国大学的博士文凭。拿到假文凭以后，他坐船回国了，时间是1937年。

改编自钱钟书《围城》

生 词

1.	文凭	（名）	wénpíng	diploma
2.	未婚妻	（名）	wèihūnqī	fiancee
3.	自由	（形）	zìyóu	free

专有名词

| | 方鸿渐 | Fāng Hóngjiàn | (name of a person) |

第十七课

练习

● 根据课文内容选择正确答案

1. 关于方鸿渐和他的未婚妻,哪一个不是真的?
   A. 他们不了解　　　　　　B. 他们没有见过面
   C. 他们的父亲可能认识　　D. 他们都在北京学习

2. 未婚妻生病死的时候方鸿渐在哪里?
   A. 在欧洲　　　　　　　　B. 在北京
   C. 在高中学习　　　　　　D. 在美国

3. 方鸿渐去留学的钱是谁给的?
   A. 未婚妻的父亲给他的　　B. 未婚妻给他的
   C. 他父亲给他的　　　　　D. 他自己的

4. 方鸿渐在欧洲学习什么?
   A. 历史　　　　　　　　　B. 文学
   C. 经济　　　　　　　　　D. 没有说

5. 方鸿渐买假文凭可能是因为什么?
   A. 找工作容易　　　　　　B. 给自己的和未婚妻的父亲看
   C. 给自己的老师和朋友看　D. 没有说

6. 方鸿渐的假文凭从哪儿买的?
   A. 德国　　　　　　　　　B. 中国
   C. 美国　　　　　　　　　D. 没有说

161

二 根据课文内容填空

1. 毕业以前，未婚妻因为生病突然死了，方鸿渐 _____ 了。
2. 他的钱快花光了，就 _____ 回国。
3. 方鸿渐 _____ 没有博士文凭很麻烦，就花十美元从美国买了一个假的德国大学的博士 _____ 。

三 复述文章

阅读三

2017年11月23日 中国银行人民币外汇牌价

100 外币 = 人民币元

货币名称	现钞买入价	现钞卖出价
欧元	752.84	782.50
日元	5.73	5.95
泰国铢	19.47	20.87
美元	658.21	660.85
印度卢比	9.55	10.77
瑞士法郎	648.62	675.65
英镑	848.49	883.24
韩国元	0.58	0.63
卢布	10.56	11.76

外汇知识：买入价和卖出价

买入价是银行用多少人民币买你的外汇，卖出价是银行卖给你外汇的时候你要付多少人民币。如这张表的英镑，就是银行用848.49元人民币买你的100英镑，银行卖给你100英镑的时候你要付883.24元人民币。

生 词

1.	外汇牌价		wàihuì páijià	foreign exchange quotations
2.	外币	（名）	wàibì	foreign currency
3.	货币	（名）	huòbì	currency
4.	名称	（名）	míngchēng	name
5.	现钞	（名）	xiànchāo	cash
6.	买入价	（名）	mǎirùjià	buying price
7.	卖出价	（名）	màichūjià	selling price
8.	知识	（名）	zhīshi	knowledge

练习

一 根据课文内容填空

1. 在银行，你的100美元可以换多少人民币？_____。
2. 在银行，你的100日元可以换多少人民币？_____。
3. 在银行，你的100卢布可以换多少人民币？_____。
4. 在银行，你想买100韩国元，你要付多少人民币？_____。
5. 在银行，你想买100欧元，你要付多少人民币？_____。
6. 100瑞士法郎和100泰国铢，哪个贵？_____。
7. 100美元和100欧元，哪个贵？_____。

实用文体阅读

招聘启事

　　因业务发展需要，本公司需招聘业务员十名，要求高中以上学历，身体健康，有汽车驾驶执照。请有意者带本人身份证和学历证明于办公时间到本公司报名。

　　地点：沈阳市国际贸易大厦 2058 室

　　时间：2 月 10 日—17 日

沈阳明大贸易公司

2018 年 2 月 9 日

生 词

1.	招聘	（动）	zhāopìn	recruit
2.	业务	（名）	yèwù	business
3.	驾驶执照		jiàshǐ zhízhào	driving licence
4.	学历证明		xuélì zhèngmíng	diploma; certificate of academic degree

练习

仿照这个招聘启事，写/说一个"招聘启事"。

第十七课

看中国

大厦 大楼 广场

"大厦""大楼""广场"常被用来作建筑物的名字。如：

京广大厦	方圆大厦	中关村大厦
电信大楼	教学大楼	办公大楼
东风广场	时代广场	天河城广场

 练习

请说出几个你知道的名字中有"大厦""大楼""广场"的建筑，说说它们是做什么的，在哪里。

第十八课

文章阅读

阅读一

卖 鞋

有个生产鞋子的公司想要打开南非的市场,于是派了两位职员去那里调查。

过了半个月,公司经理接到了两封电报。一封说:"遗憾得很,这儿的人都没有穿鞋的习惯,他们喜欢赤脚,所以我觉得这里的市场没有希望,我要回去了!"另一封说:"这儿的人都没有穿鞋的习惯,他们喜欢赤脚,所以我觉得这里的市场很有希望,我要再调查一段时间。"

后来第二个人成功了,他成功地打开了南非的市场。

生词

1.	派	（动）	pài	send
2.	电报	（名）	diànbào	telegraph
3.	遗憾	（形）	yíhàn	regretful
4.	赤脚	（名）	chìjiǎo	barefoot

专有名词

| 1. | 南非 | Nánfēi | South Africa |

练习

一 根据课文内容选择正确答案

1. 公司派了两位职员去南非是为了：
   A. 接电报　　　　　　　　B. 打开南非市场
   C. 帮助南非生产鞋子　　　D. 看南非人是不是赤脚

2. 两位职员都在南非做了调查吗？
   A. 都调查了　　　　　　　B. 都没有调查
   C. 一个调查，一个没有调查　D. 没有说

3. 两位职员在南非：
   A. 看到了同样的情况　　　B. 看到了不一样的情况
   C. 没有看到什么　　　　　D. 觉得南非人很少

4. 调查以后，两位职员：
   A. 一起回公司了　　　　B. 都没有回公司
   C. 一个先回去了　　　　D. 一个离开公司了

5. 这个故事告诉我们：
   A. 有人聪明有人不聪明
   B. 应该努力工作
   C. 工作要认真
   D. 对同样的事情，人们的看法不一样

二 复述文章

阅读二

哥伦布立鸡蛋

哥伦布相信地球是圆的，从欧洲向西航行也可以到印度。那时的人都笑他，说他笨。可是，西班牙的国王相信他，还给了他船和水手。他们在大海上航行了五个星期，最后发现了美洲。

他回来了，大家都欢迎他。可是有个人说："那有什么难呢？只要有船，我也可以找到那个地方。"哥伦布听了，就拿出一个熟的鸡蛋，笑着问他："你能把这个鸡蛋立在桌子上吗？"那个人试了很久，都不行。

这时候，哥伦布拿过鸡蛋，敲破了鸡蛋的一头儿，把鸡蛋立在了桌子上。那个人说："你把鸡蛋敲破，当然可以，用这样的方法我也可以。"哥伦布对他说："对，世界上很多事情做起来都非常容易。不过我去做了，你没有去做。"

生 词

1.	地球	（名）	dìqiú	earth
2.	圆	（形）	yuán	circular
3.	航行	（动）	hángxíng	sail
4.	水手	（名）	shuǐshǒu	seaman
5.	熟	（形）	shú	cooked
6.	立	（动）	lì	stand
7.	敲	（动）	qiāo	knock; beat; strike
8.	破	（形）	pò	broken
9.	一头儿			yītóur	one side

专有名词

1.	哥伦布	Gēlúnbù	Colombo (*name of a person*)
2.	美洲	Měizhōu	America

练习

一 根据课文内容判断正误

1. (　　) 西班牙人都不相信哥伦布说的话。
2. (　　) 哥伦布最后到了印度。
3. (　　) 有人觉得哥伦布做的事情很容易。
4. (　　) 那个人敲破了鸡蛋也不能把鸡蛋立在桌子上。
5. (　　) 哥伦布敲破鸡蛋后把鸡蛋立在桌子上。
6. (　　) 这个故事想告诉我们敲鸡蛋的方法。

二 连线

A.

做到	一个鸡蛋
找到	鸡蛋的一头儿
拿出	那件事情
敲破	美洲

B.

学完	自行车
修好	电话号码
听懂	这本书
记住	你的话

三 复述这个故事

阅读三

中国行政区

名称	简称	省会/首府
四个直辖市		
1. 北京市 Beijing	京	首都
2. 天津市 Tianjin	津	
3. 上海市 Shanghai	沪	
4. 重庆市 Chongqing	渝	
二十三个省		
1. 河北省 Hebei	冀	石家庄市
2. 山西省 Shanxi	晋	太原市
3. 辽宁省 Liaoning	辽	沈阳市
4. 吉林省 Jilin	吉	长春市
5. 黑龙江省 Heilongjiang	黑	哈尔滨市
6. 江苏省 Jiangsu	苏	南京市
7. 浙江省 Zhejiang	浙	杭州市
8. 安徽省 Anhui	皖	合肥市
9. 福建省 Fujian	闽	福州市
10. 江西省 Jiangxi	赣	南昌市
11. 山东省 Shandong	鲁	济南市
12. 河南省 Henan	豫	郑州市
13. 湖北省 Hubei	鄂	武汉市
14. 湖南省 Hunan	湘	长沙市
15. 广东省 Guangdong	粤	广州市
16. 海南省 Hainan	琼	海口市
17. 四川省 Sichuan	川、蜀	成都市

18. 贵州省 Guizhou	贵、黔	贵阳市
19. 云南省 Yunnan	云、滇	昆明市
20. 陕西省 Shaanxi	陕、秦	西安市
21. 甘肃省 Gansu	甘、陇	兰州市
22. 青海省 Qinghai	青	西宁市
23. 台湾省 Taiwan	台	台北市
五个自治区		
1. 内蒙古自治区 Inner Mongolia	内蒙古、蒙	呼和浩特市
2. 广西壮族自治区 Guangxi	桂	南宁市
3. 西藏自治区 Tibet	藏	拉萨市
4. 宁夏回族自治区 Ningxia	宁	银川市
5. 新疆维吾尔自治区 Xinjiang	新	乌鲁木齐市
两个特别行政区		
1. 香港特别行政区 Hong Kong	港	
2. 澳门特别行政区 Macau	澳	

生 词

1.	行政区	（名）	xíngzhèngqū	administrative region
2.	简称	（名）	jiǎnchēng	abbreviation
3.	省会	（名）	shěnghuì	capital of province
4.	首府	（名）	shǒufǔ	capital city of an autonomous region
5.	直辖市	（名）	zhíxiáshì	municipalities directly under the central government

| 6. | 自治区 | （名） | zìzhìqū | autonomous region |
| 7. | 特别行政区 | | tèbié xíngzhèngqū | special administrative region |

 练习

根据课文内容填空

1. 中国的直辖市有 _____ 市、天津市、重庆市、_____ 市。
2. 山西省的省会是 _____ 市。
3. 中国的两个特别行政区是 _____、_____。
4. 宁夏回族自治区的首府是 _____。
5. _____ 是广西壮族自治区的首府。
6. "黑"是 _____ 省的简称。

实用文体阅读

名片三张

第十八课

 练习

请用中文为自己写一张名片。

看中国

所

"所"常被用来作一些机构或地方的名字。如：
世界历史研究所　　南方学院卫生所　　上海证券交易所
派出所　　招待所　　车辆管理所

练习

请说出几个你知道的有"所"的机构或地方。说说它们是做什么的，在哪里。

参考答案

阅读一

一、1. ✕ 2. ✓ 3. ✕

阅读二

1. 平板电脑 2. 苹果 3. 减少（一点儿） 4. 占 5. 增加

阅读三

一、1. 王子、王妃 2. 两 3. 重孙 4. 活动

二、1. D 2. B

阅读一

一、1. A 2. B 3. D

阅读二

一、1. 微信、支付宝 2. 不带钱包和现金 3. 普及 4. 50倍 5. 游客

阅读三

一、1.《独立新闻》、韩文、英文 2.《每日新闻》

177

阅读一

一、1. A 2. C 3. B

阅读二

一、1. 准确、快 2. 费用、时间

阅读三

一、1. √ 2. ✕ 3. √ 4. √ 5. ✕ 6. ✕ 7. √ 8. ✕

二、分别代表高铁、动车、特快；因为是这三种类型列车汉语发音的第一个拼音字母。

阅读一

一、1. A 2. C 3. B 4. C 5. D

阅读二

一、1. 庆祝 同意 2. 京剧 川剧 3. 什么 还

二、1. C 2. A 3. B 4. C

阅读三

一、1. C 2. B 3. D 4. A 5. D

阅读一

一、1. D 2. A 3. B 4. C

阅读二

一、1. √ 2. × 3. × 4. √

阅读三

一、1. 808 2. 1454 3. 1717 4. 1939 5. 3636 6. 3434
二、1. √ 2. × 3. √ 4. × 5. √ 6. √

阅读一

一、1. A 2. C 3. D

阅读二

一、1. 5-8万 2. 43% 3. 5万 4. 20%到30%

阅读三

一、1. B 2. A 3. C 4. D

阅读一

一、1. B 2. C 3. A

阅读二

一、1. 火车 2. 事故 3. 老师 4. 事故 5. 死亡
二、1. × 2. × 3. √ 4. × 5. √ 6. √

阅读三

一、1. D 2. A 3. C 4. B 5. C

阅读一

一、1. × 2. √ 3. √ 4. × 5. × 6. × 7. √ 8. √

阅读二

一、1. C 2. B 3. B 4. D

阅读三

一、1. A 2. C 3. B 4. D 5. C

阅读一

一、1. √ 2. × 3. × 4. √ 5. ×

阅读二

一、1. 世界 2. 桥上 3. 妓女 4. 打仗
二、1. C 2. A 3. D

阅读三

一、1.够花了 2.便宜、吃得很好 3.生活费 4.以下、以上

第十课

阅读一

一、1.传到 2.种 3.然后、其他 4.传教士、推广

阅读二

二、1.√ 2.× 3.× 4.√ 5.√ 6.×

阅读三

一、1.D 2.C 3.A 4.D

第十一课

阅读一

一、1.A 2.B 3.D

阅读二

一、1.B 2.A 3.B 4.A 5.B 6.C 7.A

阅读三

一、1.√ 2.× 3.× 4.√ 5.×

181

阅读一

一、1.√ 2.× 3.√ 4.× 5.× 6.√

阅读二

一、1.A 2.C 3.D 4.A 5.C

阅读三

一、1.脏 2.下水道 3.世界 可能
二、1.D 2.B 3.C 4.A

阅读一

一、1.× 2.√ 3.× 4.× 5.√

阅读二

一、1.B 2.A 3.B 4.C 5.D 6.D

阅读三

一、1.D 2.C 3.A 4.D 5.B 6.A

阅读一

一、1.B 2.D 3.B

阅读二

一、

排名	手机应用	用户数（亿）
1	WhatsApp	10
3	移动QQ	8.53
4	Wechat	6.97
6	Viber	2.49
7	LINE	2.18
9	Telegram	1
10	Kakaotalk	0.48

阅读三

一、1. A 2. D 3. B 4. C

第十五课

阅读一

一、1.生、女儿 2.同事、手表 3.打扫、做饭 4.挺
二、1.√ 2.✗ 3.✗ 4.✗ 4.√

阅读二

一、1. C 2. A 3. B 4. B 5. A

阅读三

一、1. C 2. D 3. A 4. B 5. C 6. A
二、1. B 2. E 3. D 4. A 5. C

阅读一

一、1.√ 2.× 3.× 4.√ 5.×

阅读二

一、1.√ 2.√ 3.× 4.√ 5.√ 6.×

阅读三

一、1.日子 2.借 3.花 4.感动 5.假

阅读一

一、1.芭蕾舞、四 2.天鹅、边 3.姑娘、变成 4.上当、找
   5.战胜、幸福

阅读二

一、1.D 2.B 3.A 4.D 5.B 6.C

二、1.自由 2.决定 3.觉得、文凭

阅读三

1. 658.21 2. 5.73 3. 10.56 4. 0.63 5. 782.50
6. 100瑞士法郎贵 7. 100欧元贵

阅读一

一、1. B 2. A 3. A 4. C 5. D

阅读二

一、1. ✗ 2. ✗ 3. ✓ 4. ✗ 5. ✓ 6. ✗

二、A.

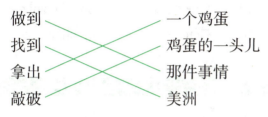

B.

学完 ——— 自行车
修好 ——— 电话号码
听懂 ——— 这本书
记住 ——— 你的话

阅读三

1. 北京、上海 2. 太原 3. 香港特别行政区、澳门特别行政区

4. 银川市 5. 南宁市 6. 黑龙江

生 词 表

A

爱情	（名）	àiqíng	13
艾滋病	（名）	àizībìng	15
安静	（形）	ānjìng	8
安排	（动）	ānpái	12
按照	（介）	ànzhào	14

B

芭蕾舞	（名）	bālěiwǔ	9
85折		bāwǔ zhé	11
霸气	（形）	bàqì	8
搬	（动）	bān	14
办公室	（名）	bàngōngshì	2
办事		bàn shì	12
伴	（名）	bàn	8
包括	（动）	bāo kuò	4
报名		bào míng	6
倍	（数）	bèi	1
奔跑	（动）	bēnpǎo	12
本	（代）	běn	10
笔	（量）	bǐ	5
必须	（助动）	bìxū	11
便利店		biànlìdiàn	6
标准	（名）	biāozhǔn	11
标准间	（名）	biāozhǔnjiān	8
表格	（名）	biǎogé	6
别人	（代）	biérén	4
冰毒	（名）	bīngdú	8
博士	（名）	bóshì	8
不便之处		bú biàn zhī chù	10
不慎		bú shèn	13

C

猜	（动）	cāi	2
苍蝇	（名）	cāngying	1
草帽	（名）	cǎomào	15
超过	（动）	chāoguò	2
吵架		chǎo jià	3
车次		chēcì	3
车型		chēxíng	3
成功	（动）	chénggōng	10
成果	（名）	chéngguǒ	15
城	（名）	chéng	4
赤脚	（名）	chìjiǎo	18
充电		chōng diàn	12
重孙	（名）	chóngsūn	1
充值		chōng zhí	5
酬谢	（动）	chóuxiè	13
出发	（动）	chū fā	5
出家		chū jiā	13

生 词 表

出面		chū miàn	8
出租车	（名）	chūzūchē	7
初	（副）	chū	14
除了……（连）还		chúle……hái	12
除以	（动）	chúyǐ	11
川剧	（名）	chuānjù	4
传到		chuándào	10
传教士	（名）	chuánjiàoshì	10
传统	（形）	chuántǒng	13
创刊		chuàng kān	2
此致敬礼		cǐzhì jìnglǐ	3

D

打架		dǎ jià	10
打雷		dǎ léi	15
打猎		dǎ liè	6
打扰	（动）	dǎrǎo	13
打印	（动）	dǎyìn	9
打仗		dǎ zhàng	9
大街小巷		dà jiē xiǎo xiàng	10
大专	（名）	dàzhuān	8
带	（动）	dài	4
贷款	（名）	dàikuǎn	6
袋	（名）	dài	2
单程	（名）	dānchéng	5
耽误	（动）	dānwu	9
当然	（形）	dāngrán	2
倒	（动）	dǎo	15
倒	（动）	dào	16

到处	（名）	dàochù	10
到站	（名）	dàozhàn	3
登记表	（名）	dēngjìbiǎo	1
登录	（动）	dēnglù	9
抵抗	（动）	dǐkàng	15
地球	（名）	dìqiú	18
地区	（名）	dìqū	8
电报	（名）	diànbào	18
电视剧	（名）	diànshìjù	8
电子邮件		diànzǐ yóujiàn	1
钓鱼		diào yú	6
掉	（动）	diào	5
订票		dìng piào	3
丢	（动）	diū	16
动车	（名）	dòngchē	3
毒品	（名）	dúpǐn	8
段	（量）	duàn	10
对照	（动）	duìzhào	10
躲雨		duǒ yǔ	15

E

恶魔	（名）	èmó	17
儿媳妇	（名）	érxífu	8
二等座	（名）	èrděngzuò	3

F

发布	（动）	fābù	14
发达	（形）	fādá	12
发生	（动）	fāshēng	7
发售	（动）	fāshòu	11

187

发现	（动）	fāxiàn	3	购	（动）	gòu	3
发展	（动）	fāzhǎn	12	够	（形）	gòu	9
发站	（名）	fāzhàn	3	刮	（动）	guā	15
法郎	（名）	fǎláng	16	挂	（动）	guà	4
法律	（名）	fǎlù	6	关闭	（动）	guānbì	10
翻译	（动）	fānyì	10	观众	（名）	guānzhòng	8
方便	（形）	fāngbiàn	8	冠军	（名）	guànjūn	6
放羊娃	（名）	fàngyángwá	6	光	（形）	guāng	16
非诚勿扰		fēi chéng wù rǎo	8	规定	（动）	guīdìng	3
				滚来滚去		gǔnlái gǔnqù	15
肥胖	（形）	féipàng	11	国籍	（名）	guójí	1
费用	（名）	fèiyòng	3	过时不候		guò shí bú hòu	14
佛学	（名）	fóxué	13	过午不食		guò wǔ bù shí	13

G

H

改变	（动）	gǎibiàn	16	还	（动）	huán	16
改造	（动）	gǎizào	10	环境	（名）	huánjìng	8
感动	（形）	gǎndòng	16	海报	（名）	hǎibào	4
港币	（名）	gǎngbì	6	害怕	（形）	hàipà	15
高级	（形）	gāojí	3	航行	（动）	hángxíng	18
高铁	（名）	gāotiě	3	好客	（形）	hàokè	10
告示	（名）	gàoshì	5	好心人	（名）	hǎoxīnrén	13
告知	（动）	gàozhī	5	和平	（形）	hépíng	10
歌手	（名）	gēshǒu	13	恨不得		hènbude	10
格式	（名）	géshì	9	湖	（名）	hú	17
公	（形）	gōng	1	互相	（副）	hùxiāng	7
公公	（名）	gōnggong	8	花	（动）	huā	5
公寓	（名）	gōngyù	13	怀孕	（动）	huáiyùn	1
攻	（动）	gōng	15	皇帝	（名）	huángdì	15
工资	（名）	gōngzī	7	灰色	（名）	huīsè	13

会议	（名）	huìyì	2
活动	（名）	huódòng	1
伙食费	（名）	huǒshífèi	4
货币	（名）	huòbì	17
获得	（动）	huòdé	6
获奖		huò jiǎng	4

J

机器人	（名）	jīqìrén	3
鸡	（名）	jī	2
积极	（形）	jījí	7
缉毒	（动）	jīdú	8
几乎	（副）	jīhū	2
疾病	（名）	jíbìng	12
集合	（动）	jíhé	14
记录	（名）	jìlù	5
妓女	（名）	jìnǚ	9
家务	（名）	jiāwù	15
假	（形）	jiǎ	16
驾驶执照		jiàshǐ zhízhào	17
减肥		jiǎn féi	12
减少	（动）	jiǎnshǎo	1
简称	（名）	jiǎnchēng	18
简单	（形）	jiǎndān	1
简陋	（形）	jiǎnlòu	8
将军	（名）	jiāngjūn	15
将来	（名）	jiānglái	14
讲座	（名）	jiǎngzuò	15
交费		jiāo fèi	9
交际费	（名）	jiāojìfèi	4
交通费	（名）	jiāotōngfèi	4
交通事故		jiāotōng shìgù	7
焦急	（形）	jiāojí	13
教务处	（名）	jiàowùchù	12
接受	（动）	jiēshòu	2
节日	（名）	jiérì	13
节省型	（形）	jiéshěngxíng	4
结婚	（动）	jié hūn	1
截止	（动）	jiézhǐ	6
借	（动）	jiè	16
金额	（名）	jīn'é	2
紧急	（形）	jǐnjí	16
进步	（动）	jìnbù	12
近	（动）	jìn	5
近期	（名）	jìnqī	8
京剧	（名）	jīngjù	4
惊	（动）	jīng	16
井	（名）	jǐng	13
敬请原谅		jìng qǐng yuánliàng	10
镜子	（名）	jìngzi	1
救	（动）	jiù	9
救命		jiù mìng	9
举办	（动）	jǔbàn	6
举行	（动）	jǔxíng	11
拒绝	（动）	jùjué	5
决赛	（名）	juésài	6
均	（副）	jūn	6
军官	（名）	jūnguān	9

K

开车		kāi chē	4
可怜	（形）	kělián	16
空调	（名）	kōngtiáo	11
苦	（形）	kǔ	16
宽松型	（形）	kuānsōngxíng	4

L

垃圾	（名）	lājī	12
老板	（名）	lǎobǎn	11
老人院	（名）	lǎorényuàn	3
立	（动）	lì	18
联系	（动）	liánxì	5
临时	（形）	línshí	16
零用钱	（名）	língyòngqián	15
流利	（形）	liúlì	10
路牌	（名）	lùpái	10
乱	（形）	luàn	12
落地		luò dì	14
旅馆	（名）	lǚguǎn	11
旅行车	（名）	lǚxíngchē	4

M

马球	（名）	mǎqiú	6
买入价	（名）	mǎirùjià	17
卖出价	（名）	màichūjià	17
媒体	（名）	méitǐ	3
美食	（名）	měishí	10
美元	（名）	měiyuán	6
米	（量）	mǐ	11

觅	（动）	mì	8
面包店		miànbāodiàn	6
庙	（名）	miào	15
民间	（名）	mínjiān	2
名称	（名）	míngchēng	17
母	（形）	mǔ	1
幕	（量）	mù	17
目的地	（名）	mùdìdì	10

N

难民	（名）	nànmín	6
脑袋	（名）	nǎodai	4
能力	（名）	nénglì	12
年夜饭	（名）	niányèfàn	13
娘家	（名）	niángjia	13
您行行好		nín xíngxing hǎo	14
农田	（名）	nóngtián	13
农业	（名）	nóngyè	10
女王	（名）	nǚwáng	1

P

排名		pái míng	14
牌子	（名）	páizi	4
派	（动）	pài	18
碰	（动）	pèng	14
批准	（动）	pīzhǔn	3
皮肤	（名）	pífū	5
票价	（名）	piàojià	3
平板电脑		píngbǎn diànnǎo	1

平方	（名）	píngfāng	11		扔	（动）	rēng	12
凭	（动）	píng	11		日元	（名）	rìyuán	4
破	（形）	pò	18		日子	（名）	rìzi	16
扑	（动）	pū	9		入关		rù guān	15
普及	（动）	pǔjí	2		入学		rù xué	2
					软卧	（名）	ruǎnwò	3

Q

其实	（副）	qíshí	13
奇葩	（名）	qípā	8
起义军	（名）	qǐyìjūn	15
千辛万苦		qiān xīn wàn kǔ	13
强	（形）	qiáng	12
抢票		qiǎng piào	3
敲	（动）	qiāo	18
切除	（动）	qiēchú	3
清楚	（形）	qīngchǔ	1
清静	（形、名）	qīngjìng	13
清空购物车		qīngkōng gòuwùchē	8
请假条	（名）	qǐngjiàtiáo	3
庆祝	（动）	qìngzhù	4
穷	（形）	qióng	14
取消	（动）	qǔxiāo	1
全球	（名）	quánqiú	14

R

让	（动）	ràng	3
热干面	（名）	règānmiàn	10
人类	（名）	rénlèi	3
人品	（名）	rénpǐn	8

S

三轮车	（名）	sānlúnchē	14
沙滩	（名）	shātān	8
商量	（动）	shāngliang	4
商人	（名）	shāngrén	11
商务座	（名）	shāngwùzuò	3
上班		shàng bān	7
上传	（动）	shàngchuán	9
上当		shàng dàng	17
上吊		shàng diào	15
上映	（动）	shàngyìng	4
社会	（名）	shèhuì	12
肾	（名）	shèn	3
升迁	（动）	shēngqiān	12
生活费	（名）	shēnghuófèi	4
生活用品		shēnghuó yòngpǐn	12
生气		shēng qì	3
省会	（名）	shěnghuì	18
拾到	（动）	shídào	13
食品	（名）	shípǐn	12
使用	（动）	shǐyòng	2
市场管理处		shìchǎng	

191

			guǎnlǐchù	10	谈恋爱		tán liàn'ài	13
式	（名）	shì		13	糖尿病	（名）	tángniàobìng	12
事宜	（名）	shìyí		12	讨厌	（动）	tǎoyàn	4
收入	（名）	shōurù		6	特	（副）	tè	3
手术	（名）	shǒushù		3	特别		tèbié	
首府	（名）	shǒufǔ		18	行政区		xíngzhèngqū	18
受到		shòudào		1	特快	（名）	tèkuài	3
受罚		shòu fá		15	疼	（动）	téng	15
受牵连		shòu qiānlián		15	提供	（动）	tígōng	12
受重伤		shòu zhòngshāng		6	体会	（动）	tǐhuì	15
售票处	（名）	shòupiàochù		4	体重	（名）	tǐzhòng	11
熟	（形）	shú		18	天鹅	（名）	tiān'é	17
摔	（动）	shuāi		11	天桥	（名）	tiānqiáo	10
暑假	（名）	shǔjià		4	条	（量）	tiáo	5
数	（动）	shǔ		4	条件	（名）	tiáojiàn	6
数据	（名）	shùjù		14	调查	（动）	diàochá	5
数字	（名）	shùzì		17	停电		tíng diàn	5
双方	（代）	shuāngfāng		1	停刊		tíng kān	2
水电费	（名）	shuǐdiànfèi		4	通知	（名）	tōngzhī	2
水电科	（名）	shuǐdiànkē		5	同时	（名）	tóngshí	11
水手	（名）	shuǐshǒu		18	同意	（动）	tóngyì	4
司机	（名）	sījī		7	统计	（名、动）	tǒngjì	14
死亡	（动）	sǐwáng		7	统治	（动）	tǒngzhì	15
算什么		suàn shénme		14	痛心	（形）	tòngxīn	8
所有	（形）	suǒyǒu		2	头发	（名）	tóufa	5
					投降	（动）	tóuxiáng	15
					秃头	（名）	tūtóu	5

T

台	（量）	tái	1	土	（名）	tǔ	13
台风	（名）	táifēng	16	土豆	（名）	tǔdòu	10
泰文	（名）	tàiwén	10	推广	（动）	tuīguǎng	10

生 词 表

脱	（动）	tuō	7
脱轨	（动）	tuō guǐ	7

W

外币	（名）	wàibì	17
外地	（名）	wàidì	7
外汇牌价	（名）	wàihuì páijià	17
万分	（副）	wànfēn	13
王妃	（名）	wángfēi	1
王国	（名）	wángguó	12
王子	（名）	wángzǐ	1
网址	（名）	wǎngzhǐ	11
往返	（动）	wǎngfǎn	5
危害	（动）	wēihài	11
维修	（动）	wéixiū	5
未婚		wèi hūn	8
未婚妻	（名）	wèihūnqī	17
文凭	（名）	wénpíng	17
握	（动）	wò	11
无	（动）	wú	3
无座	（名）	wúzuò	3

X

西方	（名）	xīfāng	11
吸毒		xī dú	8
吸引	（动）	xīyǐn	2
习惯	（动）	xíguàn	2
洗衣店		xǐyīdiàn	6
下水道	（名）	xiàshuǐdào	12
下载	（动）	xiàzài	9
现场	（名）	xiànchǎng	8
现钞	（名）	xiànchāo	17
现代	（名）	xiàndài	2
现金	（名）	xiànjīn	2
线路	（名）	xiànlù	5
羡慕	（动）	xiànmù	15
相爱	（动）	xiāng'ài	9
相信	（动）	xiāngxìn	13
相貌	（名）	xiàngmào	8
项链	（名）	xiàngliàn	16
象征	（名）	xiàngzhēng	12
销售	（动）	xiāoshòu	1
校友会	（名）	xiàoyǒuhuì	7
校长	（名）	xiàozhǎng	14
心脏病	（名）	xīnzàngbìng	12
辛苦	（形）	xīnkǔ	15
新生	（名）	xīnshēng	2
信	（动）	xìn	1
行李	（名）	xíngli	14
行政区	（名）	xíngzhèngqū	18
性别	（名）	xìngbié	1
学历证明	（名）	xuélì zhèngmíng	17
学术	（名）	xuéshù	15
寻物启事		xúnwù qǐshì	13

Y

亚军	（名）	yàjūn	6
严重	（形）	yánzhòng	7
研究	（动）	yánjiū	5

演	（动）	yǎn	8
演戏		yǎn xì	6
演员	（名）	yǎnyuán	8
要求	（动）	yāoqiú	8
业务	（名）	yèwù	17
一等座	（名）	yīděngzuò	3
一半	（数）	yí bàn	1
一头儿		yìtóur	18
医学院	（名）	yīxuéyuàn	15
遗传	（名）	yíchuán	5
遗憾	（形）	yíhàn	18
遗失	（动）	yíshī	13
以上	（名）	yǐshàng	1
以下	（名）	yǐxià	9
亿	（数）	yì	1
艺术	（名）	yìshù	6
意义	（名）	yìyì	2
鹦鹉	（名）	yīngwǔ	11
营业	（动）	yíngyè	12
影片	（名）	yǐngpiàn	4
影响	（名）	yǐngxiǎng	2
应用	（名）	yìngyòng	14
硬卧	（名）	yìngwò	3
硬座	（名）	yìngzuò	3
优惠	（名）	yōuhuì	11
游客	（名）	yóukè	2
游戏	（名）	yóuxì	5
游泳池	（名）	yóuyǒngchí	8
有意者	（名）	yǒuyìzhě	8
于	（介）	yú	2
原先		yuánxiān	1
原谅	（动）	yuánliàng	17
圆	（形）	yuán	18
院长	（名）	yuànzhǎng	3
院子	（名）	yuànzi	13
愿意	（动）	yuànyì	9
月活跃		yuè huóyuè	
用户数		yònghù shù	14
运动员	（名）	yùndòngyuán	6
运行	（动）	yùnxíng	3

Z

暂时	（形）	zànshí	10
赞成	（动）	zànchéng	4
造成	（动）	zàochéng	7
怎么回事		zěnme huí shì	16
增加	（动）	zēngjiā	1
占	（动）	zhàn	1
战胜	（动）	zhànshèng	6
战争	（名）	zhànzhēng	6
丈夫	（名）	zhàngfu	4
招聘	（动）	zhāopìn	17
照顾	（动）	zhàogù	1
哲学	（名）	zhéxué	6
征婚		zhēng hūn	8
支付	（动）	zhīfù	2
知识	（名）	zhīshi	17
只好	（副）	zhǐhǎo	7
只有	（连）	zhǐyǒu	3
直辖市	（名）	zhíxiáshì	18

生 词 表

值	（动）	zhí	16
值钱	（形）	zhíqián	15
指	（动）	zhǐ	3
指数	（名）	zhǐshù	11
中产阶级		zhōngchǎn jiējí	6
中等	（形）	zhōngděng	6
种子	（名）	zhǒngzi	10
种	（动）	zhòng	10
重视	（动）	zhòngshì	13
重要	（形）	zhòngyào	9
竹子	（名）	zhúzi	13
主讲人	（名）	zhǔjiǎngrén	15
住房费	（名）	zhùfángfèi	4
住院		zhù yuàn	3
注意	（动）	zhùyì	4
抓	（动）	zhuā	12
抓获	（动）	zhuāhuò	8
转账		zhuǎn zhàng	5
撞	（动）	zhuàng	7
幢	（量）	zhuàng	13
准考证	（名）	zhǔnkǎozhèng	9
准确	（形）	zhǔnquè	3
准时	（形）	zhǔnshí	2
自杀	（动）	zìshā	9
自由	（形）	zìyóu	17
自治区	（名）	zìzhìqū	18
总裁	（名）	zǒngcái	18
总监	（名）	zǒngjiān	12
总是	（副）	zǒngshì	7
总长	（名）	zǒngzhǎng	12
租	（动）	zū	16
足球队	（名）	zúqiúduì	11
钻石	（名）	zuànshí	16
最低标准型		zuìdī biāozhǔn xíng	4
醉	（动）	zuì	7
作品	（名）	zuòpǐn	10
坐立不安		zuòlì-bù'ān	15
做	（动）	zuò	14

专有名词

A

爱乐之城	Àiyuè Zhī Chéng	4
奥杰塔	Àojiétǎ	17
奥斯卡	Àosīkǎ	4

B

巴厘岛	Bālí Dǎo	8
巴黎	Bālí	5
北平	Běipíng	14
冰岛	Bīngdǎo	6

C

查尔斯王子	Chá'ěrsī wángzǐ	6
朝阳门	Cháoyáng Mén	14
朝阳区	Cháoyáng Qū	8
池莉	Chí Lì	10

D

| 第一次世界大战 | Dì-yī Cì Shìjiè Dàzhàn | 9 |

E

| 俄罗斯世界杯 | Éluósī Shìjièbēi | 6 |

F

发现者商城	Fāxiànzhě Shāngchéng	8
法国	Fǎguó	5
方鸿渐	Fāng Hóngjiàn	17
菲利普大学	Fēilìpǔ Dàxué	5
伏来士洁	Fúláishìjié	16
福建	Fújiàn	10
复旦大学	Fùdàn Dàxué	15

G

高老太爷	Gāo lǎotàiyé	4
哥伦布	Gēlúnbù	18
工人体育场	Gōngrén Tǐyùchǎng	11
广东	Guǎngdōng	10
国庆节	Guóqìng Jié	12

H

海淀	Hǎidiàn	14
汉语考试服务网	Hànyǔ Kǎoshì Fúwùwǎng	9
汉口	Hànkǒu	10
荷兰	Hélán	10
湖北	Húběi	10
湖南	Húnán	5
华为	Huáwéi	1
魂断蓝桥	Hún Duàn Lán Qiáo	9

霍夫曼	Huòfūmàn	5		洛杉矶	Luòshānjī	13
				吕大乐	Lǚ Dàlè	6

J

假日酒店	Jiàrì Jiǔdiàn	7
江西省	Jiāngxī Shěng	10
觉慧	Juéhuì	4
觉民	Juémín	4
觉新	Juéxīn	4
九江	Jiǔjiāng	10

M

马来西亚	Mǎláixīyà	12
玛蒂尔德	Mǎdì'ěrdé	16
玛拉	Mǎlā	9
美洲	Měizhōu	18
明朝	Míngcháo	15
莫德里奇	Mòdélǐqí	6

K

卡立阿布巴卡	Kǎlì'ābùbākǎ	12
凯特	Kǎitè	1
克安	Kè'ān	4
克定	Kèdìng	4
克罗地亚	Kèluódìyà	6
克明	Kèmíng	4
库塔	Kùtǎ	8
库塔广场	Kùtǎ Guǎngchǎng	8

N

耐克	Nàikè	18
南非	Nánfēi	18
南京大学	Nánjīng Dàxué	7
南开大学	Nánkāi Dàxué	7

O

欧洲	Ōuzhōu	10

L

拉丁美洲	Lādīng Měizhōu	10
李娜	Lǐ Nà	13
李自成	Lǐ Zìchéng	15
里昂	Lǐ'áng	7
联想	Liánxiǎng	1
罗德巴尔特	Luódébā'ěrtè	17
罗威那	Luówēinà	8
罗依	Luóyī	9

P

苹果	Píngguǒ	1

Q

齐格弗里德	Qígéfúlǐdé	17
乔治	Qiáozhì	1
青藏高原	Qīng-Zàng Gāoyuán	13
清朝	Qīngcháo	15

清华大学	Qīnghuá Dàxué	9		微信	Wēixìn	2
清军	Qīngjūn	15		吴三桂	Wú Sānguì	15
情人节	Qíngrén Jié	13		五台山	Wǔtái Shān	13
				武汉	Wǔhàn	9

S

三环	Sānhuán	8
三星	Sānxīng	1
山海关	Shānhǎi Guān	15
深圳	Shēnzhèn	5
圣诞节	Shèngdàn Jié	13
诗琳通	Shīlíntōng	10
世界杯金球奖	Shìjièbēi Jīnqiújiǎng	6
双十一	Shuāngshíyī	8
斯坦福大学	Sītǎnfú Dàxué	3
斯特儒斯	Sītèrúsī	10

T

她的城	Tā de Chéng	10
台北	Táiběi	13
泰国	Tàiguó	10

W

万圣节	Wànshèng Jié	13
威廉	Wēilián	1

X

西班牙	Xībānyá	13
希尔顿酒店	Xī'ěrdùn Jiǔdiàn	7
夏洛特	Xiàluòtè	1
香港中文大学	Xiānggǎng Zhōngwén Dàxué	6
许晓东	Xǔ Xiǎodōng	9

Y

亚马逊	Yàmǎxùn	1
亚洲	Yàzhōu	11
印度尼西亚	Yìndùníxīyà	8
友谊电影院	Yǒuyì Diànyǐngyuàn	4
云南	Yúnnán	10

Z

支付宝	Zhīfùbǎo	2
朱基菲利	Zhūjīfēilì	12